대요리문답으로 배우는 십계명

대요리문답으로 배우는 십계명

초판 1쇄 인쇄 2020년 2월 14일
초판 1쇄 발행 2020년 2월 24일

지은이 김태희
펴낸이 신은철
펴낸곳 좋은씨앗
출판등록 제4-385호(1999. 12. 21)
주소 서울시 서초구 바우뫼로 156(MJ 빌딩), 402호
주문전화 (02)2057-3041 주문팩스 / (02)2057-3042
good-seed21@daum.net
www.facebook.com/goodseedbook

ISBN 978-89-5874-330-9 04230

단단한 기독교 시리즈 12

대요리문답으로 배우는 십계명

김태희

좋은씨앗

차례

추천의 글

십계명은 시대를 초월한 하나님 백성의 도덕법입니다. 하나님은 구약시대에 이스라엘에게 그리스도와 그분의 은택을 예표하는 의식법도 주셨고 사법적 율법도 허락하셨습니다. 이 법들은 그리스도께서 오심으로 모두 폐지되었습니다. 그러나 도덕법칙으로서의 십계명은 폐지되지 않았습니다. 십계명 준수는 구원의 조건이 아니지만 구원받은 신자가 살아낼 삶에서는 치명적으로 유효합니다. 그렇지 않았다면 십계명을 개혁파 신조들(대요리문답 91-149번, 소요리문답 39-82번, 하이델베르크 요리문답 92-115번)이 그토록 비중 있게 다루지 않았을 것입니다. 십계명은 구원받은 신자의 감사요 의롭다함을 얻은 신자의 삶의 열매로 구현되어야 합니다. 이미 개혁파 신조에 기초해 몇 권의 책을 쓴 저자의 본서가 그런 십계명의 특징을 잘 드러내고 있어 일독을 권하며 기쁘게 추천합니다.

신호섭 고려신학대학원 교의학 겸임교수, 올곧은교회 담임목사

이 책은 웨스트민스터 대요리문답을 사용하여 십계명을 풀어 갑니다. 웨스트민스터 대요리문답의 십계명 해설은 정통하고 적실한 것으로 충분히 검증된 것이기에 이 책의 관점과 내용을 우리는 신뢰할 수 있습니다. 또한 저자는 꾸준히 글을 쓰고 있고 교회에서 가르친 경험이 많기 때문에 책을 쓸 때 어떤 내용을 어떻게 독자들에게 전달해야 할지 잘 알고 있습니다. 특히 십계명을 주제로 다룰 때에는 두 가지 일, 즉 각 계명의 정확한 의미를 설명하는 일과 각 계명을 생활 속에서 실천하도록 권면하는 일에 유념해야 하는데, 그런 점에서 잘 정리해서 효과적으로 전달하는 그의 능력을 발휘하고 있습니다. 십계명의 의미를 알고 오늘날에도 실천하기 원하는 그리스도인들에게 적절하고 적실한 교본이 되어 줄 책입니다.

황원하 대구 산성교회 담임목사, 신학박사

여는 글

이 책은 십계명 해설서입니다. "또 십계명?"이라는 반응이 나와도 이상하지 않습니다. 십계명을 해설한 책은 차고 넘치니까요. 그럼에도 이 책을 써야 하는 이유가 있었습니다.

저는 웨스트민스터 대·소요리문답이나 하이델베르크 요리문답 같은 역사적 신앙고백서를 소개하고 싶었습니다. 오래된 것이라고 여기며 지나치기 쉬운 신앙고백서 안에 얼마나 풍성하고 단단한 진리가 담겨 있는지 말하고 싶었습니다. 그중에서도 십계명에 관한 해설은 특히나 인상 깊습니다. 그래서 이 책의 뼈대는 개혁주의 신앙고백서, 그중에서도 웨스트민스터 대요리문답에 기초하고 있습니다.

1642년에서 1651년까지 잉글랜드에서 내전이 벌어졌습니다. 당시 의회는 교회를 개혁하기 위한 총회를 개최하는데 이것이 웨스트민스터 총회입니다. 총회는 1643년 7월 1일부터 1649년 2월 22일까지 이어졌습니다. 이 기간 동안 『웨스트민스터 신앙고백서』가 작성되었고, 이 신앙고백서를 교회에서 잘 가르치기 위한 『웨스트민스터 대요리문답』이 만들어졌습니다. 대요리문답은 기독교의 중요 교리를 상세히 설명하고 있어 성도의 교리 교육에 큰 도움을 줍니다. 특히 십계명 부분은 타의 추종을 불허합니다.

프레드릭 로에스처는 대요리문답에 대해 이렇게 말했습니다. "특별히 훌륭한 부분은 율법에 관한 주해다. 의심의 여지없이 이 부분은 십계명에 무엇이 포함되어 있고 무엇이 금지되어 있는지를 매우 정교하게 설명한다. 다른 어떤 작품도 신약의 윤리적, 사회적 교훈을 이렇게 훌륭하고 실천적으로 제공하지 않는다."[1]

바로 이러한 이유로 이 책은 대요리문답을 주로 참고하고 있습니다. 비록 적은 지면이지만 이 안에 담긴 기독교의 단단한 진리를 양분 삼아 삶의 영성을 키워 가기를 기대합니다. 더불어 신자로서 어떻게 살아야 할지를 깨달아 세상과 다르게 생각하고 다른 길을 걷는 성도가 많아지기를 바랍니다.

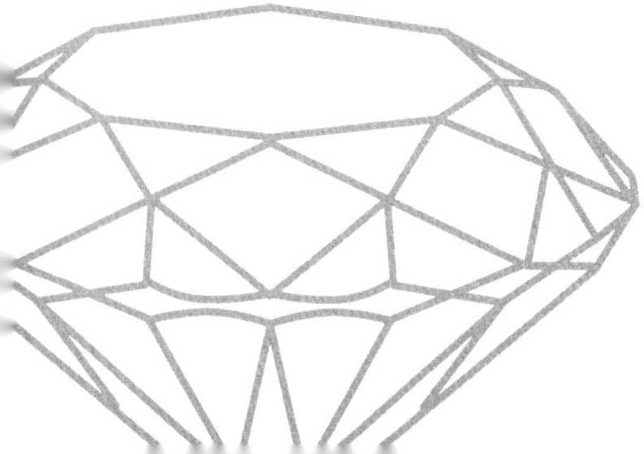

십계명, 오늘날에도 꼭 필요한가?

기독교 신앙의 세 기둥

사도신경은 그리스도인이 무엇을 믿는 사람인지를, 십계명은 그리스도인이 어떻게 살아야 하는지를, 그리고 주기도문은 그리스도인이 어떻게 기도해야 하는지를 가르쳐 줍니다. 이 세 가지만 확실하게 알아도 기독교 신앙을 전반적으로 이해할 수 있습니다. 그래서 사도신경-십계명-주기도문을 기독교 신앙의 핵심이 되는 세 기둥이라 말할 수 있습니다.

역사적으로도 사도신경-십계명-주기도문은 교회의 신앙 형성에 지지대 역할을 해왔습니다. 개혁파 전통에서 중시하는 『하이델베르크 요리문답』이 사도신경-십계명-주기도문 순서로 구성된 것, 장로교 전통에서 중시하는 『웨스트민스터 소요리문답』이 사도신경의 흐름을 따라 복음을 설명하면서 십계명과 주기도문을 직접 해설한 것 등이 그 증거입니다.

외면받는 십계명

어떤 분야의 절대적인 규칙을 말할 때 흔히 무슨무슨 '십계명'이라고 부릅니다. 건강한 부부관계를 위해 꼭 지켜야 할 규칙은 '부부관계 십계명'이라 하고, 자녀를 양육할 때 반드시 고려해야 할 규칙은 '자녀양육 십계명'이라 합니다. 그러나 정작 오랫동안 교회의 기둥 역할을 해온 십계명을 절대적인 규범으로 믿는 성도는 점점 줄어들고 있습니다. 이런 세태를 잘 보여 주는 사례가 최근 미국에서 벌어지고 있는 '십계명의 유효성 논쟁'입니다.[2]

이 논쟁을 처음 일으킨 사람은 미국 조지아 주 알파레타에 위치한 노스포인트 커뮤니티 교회 담임목사 앤디 스탠리입니다. 노스포인트 커뮤니티 교회는 교인 수가 2만 명이 넘는 대표적인 대형교회입니다. 미국에서 레이크우드 교회 다음으로 교인 수가 많습니다. 앤디 스탠리 목사는 자신의 칼럼에서 "십계명은 오늘날의 그리스도인에게는 적용되지 않는다"고 주장했고, 이에 많은 신학자들이 반박에 나서면서 논쟁이 불거졌습니다.

십계명의 절대성을 부정하는 사람들이 점점 늘어 가는 이유는 무엇일까요? 우선, 절대적인 진리를 인정하지 않는 오늘날의 풍조를 이유로 들 수 있습니다. 이것도 진리가 될 수 있고 저것도 진리가 될 수 있다는 식의 다원주의 사상이 사람들의 생각을 지배하고 있습니다. 다원주의자들은 모두의 견해를 인정하고 그 다양성을 인정해야 한다고 주장합니다. 이런 가치관에 물든 그리스도인에게 '반드시' 십계명을 지켜야 한다는 주장은 지나친 요구로 보일 것입니다.

둘째, 기복주의 신앙에 영향을 받아서입니다. 기복주의에 물든 그리스도인에게 순종은 주된 관심사가 아닙니다. 물질적인 성공, 명예, 번영 같은 것이 삶의 우선순위에 있으니 십계명의 제약들이 거추장스럽게 느껴질 수밖에요. 『긍정의 힘』이나 『왕의 재정』 같은 책들이 사람들의 마음을 움직이고 큰 반향을 불러일으킵니다.[3] 이런 세태 속에서 십계명으로 대표되는 기독교 윤리는 자연스레 설자리가 줄어들고 있습니다.

셋째, 교회가 소비자 중심으로 변하고 있기 때문입니다.[4] 성도들이 기복주의에 빠져 있다면, 교회는 성도들의 그와 같은 선호와 관심사를 채워 주려고 애씁니다. 예배도 그런 변화에서 예외가 아닙니다. 강단에서 선포되는 말씀이 번영신학에 물들고, 회중이 듣기 껄끄러워하는 십계명 설교는 어느새 기피 대상 1순위가 되고 말았습니다.

오늘날 교회의 상황

역사적으로 보아도 복음이 환영받은 경우는 많지 않습니다. 거의 모든 시대마다 거절과 박해가 있었습니다. 예수님은 "너희가 내 이름으로 말미암아 모든 사람에게 미움을 받을 것"(마 10:22)이라고 예고하신 바 있습니다.

세상이 기독교를 거부하는 이유 중 하나는 복음의 '전향성' 때문입니다. 전향성(轉向性)이란 종래의 사상이나 이념을 바꾸어 그와 배치되는 사상이나 이념으로 되돌리려는 경향을 말합니다. 복음은 기존의 사고방식과 태도를 바꿀 것을 요구합니다. 어쩌면 기독교에 쏟아지는 거절과 박해는 당연한 일입니다. 하지만 지금의 교회는 상황이 다릅니다. 세상의 비난을 한몸에 받고 있지만 그것이 다만 복음의 전향성 때문일까요? 교회가 교회답지 못하고 성도가 성도답게 살지 못해서 그런 것은 아닐까요? 도덕적으로 세상이나 무신론자의 기준에도 미치지 못한 삶을 살고 있기 때문은 아닐까요?

세상이 교회를 비난하는 이유가 복음의 전향성 때문이라면 우리는 더 열심히 복음을 전해야 합니다. 그 과정에서 겪게 되는 고난은 믿음으로 견뎌야 합니다. 하지만 이른바 성도의 삶이 칭찬받을 만하기는커녕 세상의 도덕적 기준에 미치지 못해서 비난을 받는 것이라면 달리 생각해야 합니다.

그러면 우리는 어떻게 살 것인가?

예수님을 잘 믿으면 그 덕분에 이 땅에서 물질과 건강의 복을 받는다고 생각하는 이들이 있습니다. 성도의 바람직한 삶이란 교회 활동을 열심히 하는 것 그 이상도 이하도 아니라는 식으로 말하는 이들도 있습니다. 교회에 이런 사람들이 많아지면 심각한 문제가 발생합니다. 바로 '제자도'의 상실입니다.[5] 제자도란 예수님을 따르는 삶을 말합니다. 우리는 교회뿐 아니라 가정에서, 학교에서, 직장에서 예수님의 제자로 살아야 합니다. 교회 활동에는 누구보다 열심을 내지만 다른 곳에선 예수님의 가르침대로 살지 않는다면, 교회의 열성 회원일 수는 있어도 예수님의 제자라고 할 수 없습니다(마 7:21).

제자의 삶이란 교회 생활에 충실한 정도를 넘어 세상과 구별된 사람으로 사는 것입니다(롬 12:1-2). 교회 밖에서도 선한 일을 하는 사람으로 사는 것입니다(딛 2:14). 세상의 빛과 소금으로 사는 것입니다(마 5:16). 가난한 자를 돌보고, 마음이 상한 자를 위로하며, 갇힌 자를 해방시키는 사람으로 사는 것입니다(사 61:1). 음란과 탐욕을 멀리하며(엡 5:3) 착하고 의롭고 정직한 사람으로 사는 것입니다(엡 5:9).

오늘날에도 십계명을 중요하게 다뤄야 할 이유가 여기에 있습니다. 십계명은 성도가 마땅히 따라야 할 제자도의 정수를 보여 줍니다. 우리는 십계명을 통해 예수님을 따르는 삶이 무엇인지 알 수 있습니다. 십계명에 세상과 구별되는 법이 들어 있으니까요. 십계명에서 세상의 빛과 소금이 되는 지혜를 발견할 수 있습니다. 성도인 우리는 십계명을 알아야 하고 십계명대로 살아가고자 힘써야 합니다.

선행과 구원은 별개다?

왜 선한 일이 필요할까?

선한 일을 많이 해서 구원받는 사람은 없습니다. 성경은 이렇게 선언합니다. "모든 사람이 죄를 범하였으매 하나님의 영광에 이르지 못하더니"(롬 3:23). 자신이 행한 선한 일을 근거로 하나님께 나아갈 수 있는 사람은 없습니다. 우리는 오직 예수님을 통해 구원을 받습니다. 예수님께서 우리 죄를 대신 지고 죽으셨기 때문에 우리는 구원받았습니다. 구원을 얻는 일에 우리가 조금이라도 무언가를 보탤 수 있는 가능성은 전혀 없습니다. 우리에겐 아무 공로가 없으며 우리의 구원은 전적으로 하나님의 은혜에 기인합니다.

우리의 선행이 구원받는 데 아무 소용이 없다면, 굳이 선한 일에 관심을 가지고 선하게 살려고 애쓰지 않아도 되는 걸까요? 그렇지 않습니다. 구원받은 신자로서 우리는 반드시 선한 일을 행하며 살아야 합니다. 구원받는 데 소용없던 우리의 선행이 구원받은 후에 오히려 중요한 이유는 크게 네 가지입니다.[6]

첫째, 우리가 선한 일을 행하는 것은 하나님께서 우리를 구원하신 목적이기 때문입니다. 성경은 "우리는 그가 만드신 바라 그리스도 예수 안에서 선한 일을 위하여 지으심을 받은 자니"(엡 2:10)라고 말합니다. 하나님은 구원받은 우리 삶이 선한 일로 풍성해지기를 원하십니다. 구원받기 전에는 삶의 목적이 단지 행복하고 즐겁게 사는 데 있었다면, 구원받은 후에는 선한 일을 통해 하나님을 영화롭게 하는 것이 유일한 삶의 목적이 되기를 원하십니다. 성경은 이렇게 선언합니다. "그가 [예수 그리스도가] 우리를 대신하여 자신을 주심은 모든 불법에서 우리를 속량하시고 우리를 깨끗하게 하사 선한 일을 열심히 하는 자기 백성이 되게 하려 하심이라"(딛 2:14).

둘째, 하나님께서 우리의 선행을 기뻐하시기 때문입니다. 성경은 이렇게 명령합니다. "그러므로 형제들아 내가 하나님의 모든 자비하심으로 너희를 권하노니 너희 몸을 하나님이 기뻐하시는 거룩한 산 제물로 드리라. 이는 너희가 드릴 영적 예배니라. 너희는 이 세대를 본받지 말고 오직 마음을 새롭게 함으로 변화를 받아 하나님의 선하시고 기뻐하시고 온전하신 뜻이 무엇인지 분별하도록 하라"(롬 12:1-2). 바울이 로마서 12장 이전에서 어떻게 구원이 임했는지 설명했다면, 여기서는 "그러므로"라는 표현을 통해 어떻게 사는 것이 성도에게 합당한지를 가르치고 있습니다. 특별히 구원받은 우리의 삶이 하나님께 드리는 "영적 예배"가 되기 위해선 하나님께서 기뻐하시는 일이 무엇인지 분별하라고 권면합니다. 구원받고 나서 행하는 우리의 선한 일이 하나님께 기쁨이 됩니다.

셋째, 선한 일을 통해 우리의 구원을 확신할 수 있기 때문입니다. "형제를 사랑함으로 사망에서 옮겨 생명으로 들어간 줄을 알거니와"(요일 3:14)라고 성경은 말합니다. 이웃에게 선을 행함이 곧 우리가 구원받은 자임을 보여 주는 증거라는 것입니다. 예수님도 말씀하십니다. "나는 포도나무요 너희는 가지라. 그가 내 안에, 내가 그 안에 거하면 사람이 열매를 많이 맺나니 나를 떠나서는 너희가 아무것도 할 수 없음이라"(요 15:5). 포도나무이신 예수님께 붙어 있는 가지라면 반드시 열매를 많이 맺는다는 말씀입니다. 선한 일을 행하여 많은 열매를 맺을 때 그 열매를 보고 우리가 구원받은 성도임을 알 수 있다는 의미입니다.

넷째, 하나님께서 우리의 선행을 복음 전파의 도구로 삼으시기 때문입니다. 예수님께서 말씀하십니다. "이같이 너희 빛이 사람 앞에 비치게 하여 그들로 너희 착한 행실을 보고 하늘에 계신 너희 아버지께 영광을 돌리게 하라"(마 5:16). 우리의 착한 행실이 이웃을 하나님께로 돌아오게 만드는 촉매제가 된다는 의미입니다. 그래서 마르틴 루터는 "하나님은 우리의 선행이 필요하지 않지만, 우리의 이웃은 우리의 선행이 필요하다!"라고 말했습니다. 우리 그리스도인은 하나님께만 칭찬받을 뿐 아니라 사람에게도 칭찬받는 사람이 되어야 합니다(롬 14:18).

불신자도 선한 일을 한다

불신자 중에도 선한 일을 하는 이들이 있습니다. 어떤 사람은 인격으로 보나 삶으로 보나 그리스도인보다 나아 보입니다. 분명 그들의 삶은 칭찬받아 마땅합니다. 그런데 그것은 하나님께서 요구하시는 선한 일은 아닙니다. 하나님께서 인정하시는 참된 선행은 반드시 다음의 기준을 충족해야 합니다.[7]

첫째, 하나님의 율법에 근거한 것이어야 합니다(레 18:4). 사람들이 옳다고 여기는 행동이라도 하나님의 율법에 어긋난다면 참된 선행이 아닙니다. 선과 악을 구분하는 기준이 창조주 하나님께만 있기 때문입니다.

둘째, 하나님의 영광을 위해 행한 일이어야 합니다. 자기만족을 추구하고 스스로 영광받기 위해 행하는 일이라면 아무리 대단해 보여도 참된 선행이라고 할 수 없습니다. 예수님도 이렇게 말씀하십니다. "사람에게 보이려고 그들 앞에서 너희 의를 행하지 않도록 주의하라. 그리하지 아니하면 하늘에 계신 너희 아버지께 상을 받지 못하느니라"(마 6:1).

어떤 율법을 말하는가

앞에서 하나님의 율법에 근거한 것만 참된 선행이라고 했습니다. 보통 율법이라고 하면 우리는 구약성경이나 모세오경을 떠올립니다. 이스라엘 민족이 하나님께 예배 드리고 속죄하는 방법, 음식과 의복에 관한 세세한 규정들이 생각납니다. 그러나 여기서 '율법'이란 사람이 마땅히 해야 할 일과 하지 말아야 할 일에 대해 하나님께서 정해 주신 규칙을 말합니다.

그런 의미에서 일반적으로 하나님께서 모세를 통해 주신 '십계명'을 가리킵니다.

그런데 본론으로 들어가기 전에 꼭 알아둬야 할 것이 있습니다. 율법을 구분하는 기준입니다. 지금은 은혜의 시대이기 때문에 율법을 지키지 않아도 된다고 주장하는 사람들이 있습니다. 이는 잘못된 생각입니다. 그들의 오류는 율법을 제대로 구분하지 못한 데서 기인합니다. 율법은 크게 세 가지로 나누어집니다.

첫째, 의식법입니다. 주로 성전과 제사에 관한 제도가 여기에 포함됩니다. 구약의 이런 제도는 앞으로 오실 예수님을 희미하게 보여 주는 것이었으므로 예수님이 오신 이후로는 폐지되었고 더이상 지킬 필요가 없어졌습니다.

둘째, 시민법입니다. 시민법은 구약의 이스라엘에 주어진 사회제도와 법규입니다. 구약의 이스라엘은 국가인 동시에 교회였으므로 어떤 율법은 신앙의 법도인 동시에 국가의 법이기도 했습니다. 안식일에 일한 자를 돌로 쳐 죽이라는 율법이 대표적입니다(민 15:32-35). 이제는 그 어디에도 국가인 동시에 교회인 나라는 없습니다. 따라서 시민법도 지금은 구속력이 없습니다. 안식일을 어긴 자를 돌로 치라는 율법을 문자적으로 지켰다간 큰일이 날 것입니다.

셋째, 도덕법입니다. 도덕법은 하나님께서 그분의 백성에게 주신 순종의 규칙입니다. 여기에는 우리가 거룩하게 살기를 원하시는 하나님의 마음이 담겨 있습니다. 대표적인 것이 모든 도덕법을 열 가지로 압축한 십계명입니다.

그러면 우리는 어떻게 살 것인가?

다시 한번 강조하지만, 선행은 구원받는 데 조금도 효력이 없습니다. 하지만 구원받은 사람은 선을 행하며 살아야 합니다. 선한 일은 하나님께서 우리를 구원하신 목적이자 기뻐하시는 일이기 때문입니다. 무엇이 선한 일인지는 우리가 기준을 임의로 정할 수 없습니다. 우리는 피조물에 불과하기 때문입니다. 선한 일의 기준은 창조주이신 하나님만 정하실 수 있습니다. 하나님께서 세우신 기준이 율법입니다.

그러니 우리는 율법대로 살아야 합니다. 그런데 예수님이 이땅에 오신 이후로 율법 중에서 의식법과 시민법은 폐지되었습니다. 이 율법들은 오늘날 우리 그리스도인들에게 아무런 구속력이 없습니다. 예수님께서 십자가에서 돌아가시면서 이것들의 마침이 되셨기 때문입니다(롬 10:4, 갈 3:23-25,

엡 2:15). 대신에 두 가지 큰 계명을 주셨습니다. "예수께서 이르시되 네 마음을 다하고 목숨을 다하고 뜻을 다하여 주 너의 하나님을 사랑하라 하셨으니 이것이 크고 첫째 되는 계명이요 둘째도 그와 같으니 네 이웃을 네 자신 같이 사랑하라 하셨으니 이 두 계명이 온 율법과 선지자의 강령이니라"(마 22:37-40).

구약에 쓰인 많은 도덕법들이 '하나님을 사랑하는 일'과 '이웃을 사랑하는 일'의 범주 안에 있습니다. 어떻게 하나님을 사랑하고 이웃을 사랑하는지 보여 주는 길잡이가 됩니다. 그 도덕법이 십계명에 잘 요약되어 있습니다. 이것이 그리스도인인 우리가 오늘날에도 여전히 십계명을 따라 살아야 하는 이유입니다.

십계명의 머리말

감사하는 마음으로 십계명을 지키라!

나는 너를 애굽 땅, 종 되었던 집에서 인도하여 낸 네 하나님 여호와니라. -출애굽기 20:2

십계명의 구조

십계명은 크게 두 부분으로 나눌 수 있습니다. 하나님을 사랑하는 것과 관련된 처음 네 계명과, 이웃을 사랑하는 것과 관련된 나머지 여섯 계명입니다. 예수님도 '하나님'과 '이웃'을 사랑하는 것이 모든 율법의 요약이라고 말씀하십니다(마 22:37-40). 정리하면 다음과 같습니다.

하나님을 사랑하라	이웃을 사랑하라
1. 나 외에는 다른 신들을 네게 두지 말라. 2. 어떤 형상도 만들지 말며 그것들에게 절하지 말며 그것들을 섬기지 말라. 3. 네 하나님 여호와의 이름을 망령되게 부르지 말라. 4. 안식일을 기억하여 거룩하게 지키라.	5. 네 부모를 공경하라. 6. 살인하지 말라. 7. 간음하지 말라. 8. 도둑질하지 말라. 9. 네 이웃에 대하여 거짓 증거하지 말라. 10. 네 이웃의 집을 탐내지 말라.

십계명의 머리말

십계명에는 머리말이 달려 있습니다. "나는 너를 애굽 땅, 종 되었던 집에서 인도하여 낸 네 하나님 여호와니라"(출 20:2).

하나님께서 십계명을 주면서 이렇게 선언하신 이유가 있습니다.[8] 첫째, 십계명을 주시는 분이 누구인지 알아야 하기 때문입니다. 십계명의 머리말은 십계명을 주시는 분이 "하나님 여호와"임을 분명하게 적시합니다. 따라서 십계명은 단순한 사회적 규범이 아니라 반드시 순종해야 하는 하나님의 말씀입니다.

둘째, 십계명을 누구에게 주시는지 알아야 하기 때문입니다. "종 되었던 집에서 인도하여 낸"이라는 문구에서 보듯이 십계명은 과거에 종이었던 자들에게 하나님께서 주시는 말씀입니다. 그전까지 이스라엘은 애굽 왕 바로의 종이었습니다.

그들은 바로의 말을 법으로 알고 살았습니다. 그러나 이제는 하나님이 주인이십니다. 이제 이스라엘이 바로의 말이 아니라 하나님의 말씀을 법으로 알고 살아야 한다는 의미입니다. 우리도 이전에는 사탄의 종이었습니다. 세상 권세를 잡은 자에게 매여 살았습니다(엡 2:2). 죄와 사망에게 종 노릇하며 지냈습니다. 그런 우리를 하나님께서 해방시켜 주시고 우리의 새로운 주인이 되셨습니다. 그러니 그분이 주신 십계명을 지키며 사는 것이 맞습니다.

셋째, 십계명을 언제 주셨는지 알아야 하기 때문입니다. 하나님은 십계명을 주면서 이를 잘 지키면 구원해 주겠다고 하시지 않았습니다. 이스라엘을 애굽에서 구해 낸 다음 그들에게 십계명을 주셨습니다. 십계명은 구원의 조건이 아니라 그 결과입니다. 우리도 마찬가집니다. 십계명을 잘 지켜야 구원받는 것이 아닙니다. 구원이 먼저입니다. 구원받았으므로 십계명을 지킬 수 있게 되었습니다.

넷째, 십계명을 어떤 마음으로 지켜야 하는지 알아야 하기 때문입니다. 십계명의 머리말에서 하나님은 자신이 우리의 구원자임을 밝히십니다. 하나님께서 이스라엘을 종살이하던 애굽에서 인도해 내셨다면, 우리는 종살이하던 죄와 사망에서 인도해 내셨습니다. 이 사실을 인정한다면 십계명이 그저 무거운 짐으로만 여겨지지 않을 것입니다. 오히려 십계명을 지키며 살 수 있게 된 것을 큰 영광으로 생각하게 됩니다.

그러면 우리는 어떻게 살 것인가?

우리는 십계명을 지키며 살아야 합니다. 십계명의 머리말에서 그 이유를 잘 설명하고 있습니다. 첫째, 십계명은 하나님의 말씀이기 때문입니다. 둘째, 하나님이 우리의 주인이시기 때문입니다. 셋째, 우리가 구원받은 사람이기 때문입니다. 넷째, 하나님이 우리의 구원자시기 때문입니다. 그러므로 우리는 십계명을 무거운 짐으로 여기지 않고 큰 영광으로 여기며 지킬 수 있습니다.

이제 십계명의 열 가지 항목들을 구체적으로 살펴보겠습니다.

제1계명

오직 하나님만 예배하라!

나 외에는 다른 신들을 네게 두지 말라. –출애굽기 20:3

“인도에는 사람 수만큼 신이 있고, 일본에는 마을 수만큼 신이 있다”는 말이 있습니다. 정말 그렇게 많은 신이 존재할까요? 그렇지 않습니다. 구분하자면 세상에는 딱 두 종류의 신밖에 없습니다. 태초부터 존재하는 진짜 신과 사람이 만들어 섬기는 가짜 신입니다. 진짜 신은 우주를 창조하시고 우리를 죄와 사망에서 구원하셨으며 십계명을 주신 하나님뿐입니다. 나머지 다른 ‘신이라 불리는 것’들은 가짜 신, 즉 우상입니다.

사람이 만든 신은 종종 사람을 닮았습니다. 욕심 많고 감정적이며 음란하고 잘 속이고 잘 속습니다. 사람들이 자기욕망을 반영하여 만들었기 때문입니다.[9] 그러다 보니 가짜 신을 숭배하는 사람들은 점점 더 욕망의 종이 되어 갑니다. 이것이 제1계명을 망각한 결과입니다.

제1계명의 기본 의미

제1계명의 기본 의미는 우상을 숭배하지 말라는 것입니다. 여호와 하나님 외에 다른 신이 있다고 믿지 말라는 것이지요. 출애굽 당시 이스라엘은 수많은 우상들에 둘러싸여 있었습니다. 애굽 사람들은 빛의 신 '라'를 비롯해 나일강의 신 '하피', 사막의 신 '세트', 황소 모양의 신 '아피스' 등을 섬겼고, 가나안과 그 주변 민족들도 바알, 아세라, 그모스, 몰렉, 다곤 등의 신을 섬겼습니다. 하나님은 이런 다신교적 환경 속에서 이스라엘은 오직 하나님만을 믿고 따를 것을 요구하셨습니다.

우상이란 무엇인가?

사람들이 하나님을 떠나 우상을 숭배하는 이유는 무엇일까요? 이성과 양심이 죄에 오염되어 하나님을 아는 능력을 상실했기 때문입니다(시 14:2-3). 하지만 본래부터 가지고 있던 종교심마저 사라진 것은 아닙니다. 사람들은 하나님이 계셔야 할 자리를 다른 것으로 채우기 시작했습니다. 바닷가에 사는 사람들은 폭풍을 다스리는 신을 만들고, 농사 짓는 사람들은 비를 내리는 신을 만들었습니다. 그 결과 온 세상에 우상이 가득하게 되었습니다. 우상이란 사람들이 자기 필요에 따라 만든 욕망의 응집체에 불과합니다.

꼭 어떤 형상이 있어야 우상인 것은 아닙니다. 골로새서 3장 5절은 탐심을, 빌립보서 3장 19절은 식탐을 가리켜 우상이라고 말합니다. 특정한 형상을 만들어 그 앞에서 절하고 소원을 빌지 않더라도 하나님처럼 여기거나 하나님보다 더 사랑하는 것이 있다면, 그것이 바로 우상입니다.

그러므로 제1계명을 잘 지키고 있는지 알아보려면 이런 질문을 던져 보면 됩니다. 첫째, "내가 가장 사랑하는 것은 무엇인가?" 돈과 성공을 하나님보다 더 중요하게 여기고 있다면 그것이 우상입니다. 자녀나 배우자를 하나님보다 더 사랑한다면 그들이 우상일 수 있습니다. 둘째, "내가 가장 의지하는 것은 무엇인가?" 어려움에 처했을 때 하나님보다 먼저 떠오른 사람이 있다면 그가 우상일 수 있습니다. 돈으로 모든 문제를 해결할 수 있다고 생각한다면 돈이 우상입니다.

이 계명이 맨앞에 나오는 이유

제1계명은 나머지 계명들을 지켜야 할 대전제가 됩니다. 다른 신을 믿는 자에게는 하나님을 형상으로 만들지 말라는 제2계명, 하나님의 이름을 함부로 부르지 말라는 제3계명, 안식일을 기억하여 거룩하게 지키라는 제4계명이 아무런 의미가 없습니다. 나머지 여섯 계명도 마찬가지입니다. 그런 점에서 제1계명은 모든 계명의 근본이 됩니다. 이 계명이 맨 앞에 나오는 이유입니다.

제1계명이 요구하는 의무[10]

웨스트민스터 대요리문답 104문. 제1계명에서 요구하는 의무는 무엇입니까?

답: 제1계명에서 요구하는 의무는 다음과 같습니다. 하나님을 유일하신 참 하나님과 우리 하나님으로 알고 인정하는 것이며, 따라서 하나님만을 생각하고, 묵상하고, 기억하고, 지극히 높이고, 존경하고, 찬양하고, 택하고, 사랑하고, 갈망하고, 경외함으로 그분을 합당하게 예배하고 영화롭게 하는 것입니다. 또한 하나님을 믿고, 신뢰하

고, 바라고, 기뻐하고, 즐거워하고, 하나님을 위해 열심을 품고, 그분을 부르고, 모든 찬송과 감사를 드리고, 온 마음을 다하여 전적으로 순종하고 복종하며, 하나님을 기쁘시게 하려고 모든 일을 조심히 행하고, 무슨 일에서든지 하나님을 노엽게 했을 때는 크게 슬퍼하며, 겸손히 하나님과 동행하는 것입니다.

제1계명이 요구하는 의무는 다음과 같습니다. 첫째, 하나님만을 유일한 신으로 믿어야 합니다(사 43:10). 하나님을 믿지 않는 무신론, 또는 하나님을 다른 여러 신과 함께 섬기는 다신론은 제1계명을 어기는 일입니다. 일제 강점기에 우리나라 성도들이 목숨을 걸고 신사참배에 반대한 것은, 그것이 제1계명에 정면으로 배치되는 일이었기 때문입니다.

둘째, 하나님께 합당한 예배와 영광을 드려야 합니다(시 95:6). 결혼하여 한 가정을 이룬 부부가 있습니다.[11] 그런데 남편이 아내를 함부로 대하고 생활비조차 주지 않는다면 정상적인 부부관계라고 할 수 있을까요? 하나님과 사람의 관계도 마찬가지입니다. 하나님을 믿는다고 말로만 고백하는 것으로는 부족합니다. 하나님을 하나님으로, 즉 창조주시요 내 인생의 주인이신 분에 걸맞게 섬겨야 올바른 신앙입니다.

셋째, 하나님께 전적으로 순종하고 복종해야 합니다(약 4:7). 자녀는 부모에게, 국민은 국가에 순종할 것을 요구받습니다. 당연한 이치입니다. 사실 불완전한 세상에서 부모나 국가는 오류를 범할 수 있고 부당한 것을 요구할 수 있습니다. 그래서 지혜로운 판단과 선택이 필요한 순간이 오기도 합니다. 그러나 하나님은 오류가 전혀 없으십니다. 언제나 선하십니다. 하나님을 유일한 신으로 믿는다면 그분의 명령에 전적으로 순종하고 복종해야 합니다. 그렇지 않다면 이는 그분의 명령에 오류와 잘못이 있다고 여기는 태도이고, 하나님을 유일하고 참된 신으로 믿지 않는다는 뜻입니다.

제1계명이 금하는 죄[12]

웨스트민스터 대요리문답 105문. 제1계명에서 금하는 죄는 무엇입니까?

답: 제1계명에서 금하는 죄는 다음과 같습니다. 하나님을 부인하거나 섬기지 않는 무신론, 참 하나님과 함께, 혹은 그분 대신에, 하나님 혹은 여러 신들을 두거나 예배하는 우상숭배, 하나님을 하나님으로, 그리고 우리의 하나님으로 모시지 않고 고백하지 않는 것, 이 계명이 요구하는바 하나님께 마땅히 드릴 것을 무엇이든지 제하거나 게을리하는 것, 하나님에 대한 무지, 하나님을 잊음, 하나님에 대한 오해, 거짓된 견해, 하나님에 대한 무가치하고 악한 생각들, 하나님의 비밀들을 불손한 호기심으로 캐내려는 것, 모든 신성모독, 하나님을 미워하는 것, 자기사랑, 자기유익을 구하는 것, 우리 마음과 의지 혹은 정서를 지나치고 무절제하게 다른 것들에 두고, 전적으로든 부분적으로든 하나님에게서 멀어지는 것, 헛된 맹신, 불신앙, 이단, 그릇된 믿음, 신뢰하지 않는 것, 절망, 완강함, 심판에 대한 무감각, 완악한 마음, 교만, 뻔뻔스러움, 세속적인 안일함, 하나님을 시험하는 것, 불법적인 수단을 사용하는 것, 인간적인 수단을 의지하는 것, 세속적인 기쁨과 즐거움, 부패하고 맹목적이며 무분별한 열심, 미지근함, 하나님의 일들에 대한 무감각, 하나님에게서 멀어짐과 배교, 성자나 천사 혹은 다른 피조물

에게 기도하거나 종교적으로 경배하는 것, 마귀와 계약을 맺고 의논하는 것, 그의 제안에 귀 기울이는 것, 사람들을 우리 믿음과 양심의 주로 삼는 것, 하나님과 그분의 명령을 가볍게 여기고 멸시하는 것, 성령을 거역하고 근심하게 만드는 것, 하나님의 섭리에 불만을 품고 참지 못하는 것, 우리에게 임하는 재난에 대하여 어리석게 하나님을 비난하는 것, 우리의 선함과 우리가 소유하고 있거나 혹은 할 수 있는 선행에 대한 찬사를 단지 운으로 여기거나, 우상이나 우리 자신이나 혹은 다른 어떤 피조물에게 돌리는 것입니다.

제1계명이 금하는 죄는 다음과 같습니다. 첫째, 하나님의 존재를 부인하는 무신론을 금합니다(시 14:1). 무신론에는 크게 세 가지가 있습니다.[13] 첫째, 신의 존재를 아예 인정하지 않는 이론적 무신론입니다. 둘째, 신의 존재는 인정하지만 성경이 말하는 하나님은 인정하지 않는 실질적 무신론입니다. 셋째, 하나님을 인정하지만 하나님과 상관없이 살아가는 실천적 무신론입니다. 이 중에 실천적 무신론자는 교회 안에서도 만날 수 있습니다. 매주 교회에 출석하지만 하나님의 계명을 대수롭지 않게 여기는 사람들은 제1계명을 어기는 자들입니다.

둘째, 하나님에 대한 무지를 금합니다(호 4:6). 하나님을 바르게 알아야 바르게 경배할 수 있기 때문입니다. 이단에 속한 사람들은 아무리 열심을 내더라도 하나님에 대한 바른 지식을 가지고 있지 않으므로 제1계명을 어기는 자들입니다.

셋째, 자기사랑을 금합니다(딤후 3:2-4). 이것은 모든 형태의 자기사랑이 아니라 하나님보다 자신을 더 사랑하는 것을 말합니다. 이런 사람들은 하나님을 위해 자신을 희생하기보다 자신을 위해 하나님을 이용하기 마련입니다.

넷째, 교만을 금합니다(렘 13:15). 교만은 자기 자신을 그릇되게 높이는 마음입니다. 하나님이 유일한 신이시고, 우리는 그분의 피조물임을 아는 사람은 자신을 지나치게 높일 수 없습니다. 따라서 교만한 생각과 말과 행동은 제1계명을 어기는 일입니다.

다섯째, 육체의 즐거움과 기쁨을 추구하는 것을 금합니다(딤후 3:4). 단지 즐거움을 추구하는 것이 아니라 쾌락 자체를 우상화하는 것을 금합니다. 주일에 취미 생활이나 동호회 활동을 한다든지, 경건의 시간은 전혀 가지지 않으면서 오락에 많은 시간을 허비하는 것 등이 이에 해당합니다. 그들의 삶을 보면 쾌락이 하나님의 자리를 대신 차지하고 있습니다.

제1계명과 예배

언제나 제1계명을 지켜야 하지만, 특히 예배의 자리에서 더욱 힘써 지켜야 합니다. 제1계명은 우리가 온 마음과 뜻과 힘을 다하여 예배해야 하는 분이 누구인지 알려 줍니다. 성경은 이렇게 명령합니다. "너는 마음을 다하고 뜻을 다하고 힘을 다하여 네 하나님 여호와를 사랑하라"(신 6:5). 예배 시간은 반드시 지켜야 합니다. 그 시간에 진실되고 간절한 마음으로 기도해야 합니다. 온 마음을 담아 하나님을 찬양해야 합니다. 귀 기울여 말씀을 들어야 합니다. 이것이 제1계명을 지키려고 애쓰는 그리스도인의 마땅한 예배입니다.

그러면 우리는 어떻게 살 것인가?

제1계명에 순종하기 위해서는 하나님을 예배하는 것을 가장 중요하게 생각해야 합니다. 하나님을 더 알기 위해 노력해야 합니다. 하나님을 그 무엇보다 사랑해야 합니다. 하나님을 가장 높여야 합니다. 하나님을 가장 즐거워해야 합니다. 하나님을 삶의 중심에 두어야 합니다. 예배에 집중하지 못하게 하고, 하나님을 알아 가는 것을 방해하고, 하나님보다 더 마음이 끌리고 우러러 보이고 중요하게 여겨지는 것이 있다면, 그것이 우상입니다.

우리에게는 타락한 본성이 남아 있어 잠시도 경계를 늦춰서는 안 됩니다. 언제라도 돈이나 성공, 쾌락 같은 것을 하나님처럼 여기며 숭배할 수 있기 때문입니다. 그러므로 수시로 자신에게 물어봐야 합니다. “내가 가장 사랑하는 것은 무엇인가?” “내가 가장 의지하는 것은 무엇인가?” 그때마다 분명하게 하나님이라고 답할 수 있어야 합니다. 그렇게 답할 수 있을 때까지 자신을 단련해야 합니다.

제2계명

하나님이 말씀하신 대로 예배하라!

너를 위하여 새긴 우상을 만들지 말고 또 위로 하늘에 있는 것이나 아래로 땅에 있는 것이나 땅 아래 물속에 있는 것의 어떤 형상도 만들지 말며 그것들에게 절하지 말며 그것들을 섬기지 말라. 나 네 하나님 여호와는 질투하는 하나님인즉 나를 미워하는 자의 죄를 갚되 아버지로부터 아들에게로 삼사 대까지 이르게 하거니와 나를 사랑하고 내 계명을 지키는 자에게는 천 대까지 은혜를 베푸느니라. -출애굽기 20:4-6

아론은 우상숭배자가 아니었습니다. 여호와 하나님을 믿는 사람이었습니다. 하지만 하나님을 올바르게 예배하지 않았고, 그 결과 우상숭배한 자가 듣는 책망에 버금가는 책망을 들었습니다. 예수님 당시의 바리새인들도 우상숭배자가 아니었습니다. 어쩌면 그들은 누구보다 열심히 하나님을 믿었습니다. 하지만 하나님을 바르게 믿지 않았고, 그 결과 예수님께 "화 있을진저"라는 책망을 들었습니다(눅 11:37-54). 단순히 하나님을 열심히 믿는 것에도 함정이 있습니다. 정성만으로 하나님을 예배하는 것이 정답은 아닙니다. 바르게 믿어야 하고 바르게 예배해야 합니다. 이것이 하나님께서 우리에게 제2계명을 주신 이유입니다.

제2계명의 기본 의미

제1계명과 제2계명은 얼핏 보면 비슷한 내용 같습니다. 왜 굳이 두 계명을 구분했는지 의아할 수 있습니다. 그러나 두 계명은 엄연히 다릅니다. 제1계명은 하나님 외에 다른 신을 예배하는 것을 금하고, 제2계명은 하나님을 눈에 보이는 형태로 형상화하여 예배하는 것을 금합니다. 제1계명이 예배 대상에 대해 말한다면, 제2계명은 예배 방법에 대해 말하는 것이지요.

하나님을 형상으로 표현하지 말아야 하는 이유는 그분의 속성이 왜곡될 수 있기 때문입니다. 하나님은 영이십니다(요

4:24). 영이시기에 온 세상에 충만하고 절대 변하지 않으십니다. 그런 하나님을 형상으로 표현하는 순간 어떤 일이 일어날까요? 온 세상에 충만하기는커녕 세상의 일부에 자리할 수밖에 없습니다. 더욱이 그 형상이 영원하기는커녕 시간이 지날수록 변해 갑니다. 하나님의 속성이 왜곡되고 그분의 대한 잘못된 정보가 전달되는 결과가 초래됩니다.

어떤 사람은 이렇게 반문할지도 모르겠습니다. "가장 뛰어난 사람들이 가장 헌신된 마음으로 가장 값진 재료를 가지고 가장 탁월한 기술로 하나님을 형상화하는 것도 잘못인가요?" 예, 그렇습니다. 그 누구도, 그 어떤 재료도, 그 어떤 기술도 창조주 하나님을 담아낼 수 없기 때문입니다.

제2계명을 어긴 대표적인 사례

제2계명을 어긴 대표적인 사례로 아론의 금송아지 사건을 꼽을 수 있습니다. 이스라엘 민족이 시내 산에 올라간 모세를 기다리고 있던 때였습니다. 시간이 지나도 모세가 돌아오지 않자 사람들은 불안해지기 시작했습니다. 모세가 산에 올라간 지 40일째가 되자 불안은 극에 달했습니다. 결국 그들은 아론에게 이렇게 요구합니다. "우리를 위하여 우리를 인도할 신을 만들라. 이 모세 곧 우리를 애굽 땅에서 인도하여 낸 사람은 어찌 되었는지 알지 못함이니라"(출 32:1).

아론은 금송아지 형상을 만들어 백성들의 요구에 화답합니다. 그리고 이렇게 선포합니다. "이스라엘아 이는 너희를 애굽 땅에서 인도하여 낸 너희의 신이로다"(출 32:4). 여기서 주목할 점은 이스라엘 민족이 다른 신을 숭배하지 않았다는 것입니다. 그들은 자신들을 "애굽 땅에서 인도하여 낸" 신을 숭배했습니다. 그들을 애굽에서 인도하여 낸 신이 누구입니까? 당연히 여호와 하나님입니다. 그러므로 그들이 어긴 죄는 제1계명이 아니라 제2계명입니다. 하나님을 예배한다고 하면서 그분의 형상을 만든 죄를 지은 것입니다. 열정과 정성은 넘쳤는지 몰라도 방법이 잘못되었습니다.

하나님이 말씀하신 예배 요소[14]

웨스트민스터 대요리문답 108문. 제2계명에서 요구하는 의무는 무엇입니까?

답: 제2계명에서 요구하는 의무는 하나님께서 그분의 말씀으로 제정하신 대로 모든 종교적 예배와 규례들을 받아서 준수하며, 순전하고 흠 없이 지키는 것입니다. 이런 예배와 규례들의 구체적인 예는 그리스도의 이름으로 드리는 기도와 감사, 말씀을 읽

고 설교하고 듣는 것, 성례들을 시행하고 받는 것, 교회 치리와 권징, 교회를 섬기는 직분을 세우고 유지하는 것, 종교적 금식, 하나님의 이름으로 맹세하는 것, 하나님께 서원하는 것 등입니다. 또 다른 의무는 모든 거짓된 예배를 부인하고 미워하고 반대하는 것, 각자의 지위와 소명을 따라 거짓된 예배와 모든 우상숭배의 기념물을 제거하는 것입니다.

하나님을 형상화해서는 안 된다는 것은, 우리가 계획하고 만족하는 방식으로 하나님을 예배해서는 안 된다는 뜻입니다. 오직 성경이 말하는 대로 하나님을 믿고 예배해야 합니다. 방법이 어떠하든 '정성'만 있으면 충분하지 않느냐고 묻는 사람들이 있습니다. 하지만 예배 방법은 우리 마음대로 결정할 수 있는 문제가 아닙니다. 하나님은 그런 식으로 예배하는 것은 잘못이라고 말씀하십니다(미 6:16). 나아가 예배하는 방법을 가르쳐 주십니다.

우리가 성경에서 찾아볼 수 있는 예배의 핵심 요소는 다음과 같습니다. 첫째, 그리스도의 이름으로 드리는 기도와 감사입니다(엡 5:20). 둘째, 말씀을 읽고 전파하며 듣는 것입니다(딤후 4:2). 셋째, 성례를 시행하고 받는 것입니다(고전 11:23-24). 넷째, 치리하고 권징하는 것입니다(마 16:19). 우리는 이런 핵심 요소들이 교회에서 사라지지 않게 하고, 그 형식과 정신을 잘 지키기 위해 노력해야 합니다.

제2계명이 금하는 죄[15]

웨스트민스터 대요리문답 109문. 제2계명에서 금하는 죄는 무엇입니까?

답: 제2계명에서 금하는 죄는 다음과 같습니다. 하나님께서 친히 제정하지 않으신 어떤 종교적 예배를 고안하고, 논의하고, 명하고, 사용하고, 어떤 모양으로든 그것을 인정하는 것, 거짓 종교를 용납하는 것, 우리 마음 내적으로 혹은 외적으로 삼위 하나님 모두 다 또는 삼위 중 한 분을 아무 피조물이라도 그것의 형상이나 모양을 따라 만드는 것, 형상 자체를 예배하거나 형상 안에서 혹은 형상을 통해 하나님을 예배하는 것, 거짓 신들의 형상을 만들고 그들을 숭배하거나 그들에게 속한 것을 섬기는 것, 고대의 제도나 풍습이나 경건이나 좋은 의도라는 미명하에 혹은 어떤 다른 구실로라도 우리 자신이 만들어 취한 것이든 다른 사람들의 전통으로부터 받은 것이든 하나님의 예배에 무언가를 추가하고 제하여 그 예배를 오염시키는 모든 미신적 고안들, 성직 매매, 신성모독, 하나님께서 정하신 예배와 규례들에 대한 모든 태만, 경멸, 방해, 반대 등입니다.

제2계명이 금하는 죄는 다음과 같습니다. 첫째, 삼위 하나님을 형상으로 만들거나 형상 자체를 예배하는 일입니다(신 4:15). 하나님은 "어떤 형상도 만들지" 말라고 말씀하셨습니다(출 20:4). 예수님을 그림으로 표현하거나, 어떤 형상을 가리켜 예수님의 모습이라고 주장하거나, 말씀 액자나 십자가 장신구에 신성한 능력이 있다고 믿는 것이 이에 해당합니다.

둘째, 성경적 근거가 없는 것들을 예배에 도입하는 일입니다(레 10:1-2). 예배 참석자들이 선호하고 호응한다고 해서 그것을 예배의 절차로 지키는 것은 잘못입니다.

셋째, 교회의 전통이나 오랜 관행이라고 해서 그것을 예배에 적용하거나(렘 44:17) 미신적 요소를 예배에 도입하는 일입니다(행 17:22). 거룩한 예배가 인간적인 전통과 관행에 오염되지 않도록 경계해야 합니다.

중세는 역사상 교회가 가장 타락한 시대로 꼽힙니다. 당연히 예배도 오염되었습니다. 중세 로마교회는 예배 요소를 자의적으로 더하거나 빼면서 그 거룩함을 훼손시켰습니다. 그래서 종교개혁자들이 예배 개혁에 많은 노력을 기울여야 했습니다. 칼뱅이 대표적입니다. 칼뱅은 제2계명에 근거해 오직 성경에서 명하는 것만 예배의 요소가 될 수 있다고 주장했습니다. 그는 예배 중에 성인들을 향해 기도하고 각종 형상들을 사용하는 것을 중단시켰습니다. 그런 일들은 성경 어디서도 근거를 찾을 수 없으며 제2계명을 위반한 것이기 때문입니다. 대신에 칼뱅은 성경에 근거하여 시편 찬송을 예배에 도입하고, 성찬에 모든 성도가 참여할 수 있도록 했습니다.

제2계명에 덧붙인 말씀

제2계명에는 다음의 말씀이 덧붙어 있습니다. "나 네 하나님 여호와는 질투하는 하나님인즉 나를 미워하는 자의 죄를 갚되 아버지로부터 아들에게로 삼사 대까지 이르게 하거니와 나를 사랑하고 내 계명을 지키는 자에게는 천 대까지 은혜를 베푸느니라"(출 20:5-6).

하나님께서 이 말씀을 제2계명에 덧붙이신 이유는, 말씀에서 지시하신 대로만 예배받기 원하신다는 사실을 확실히 하기 위해서입니다. 더불어 이를 강조하기 위해 하나님께서 모든 거짓된 예배에 분노하시고, 모든 참된 예배에는 은혜를 베푸신다고 말씀하십니다.

그래도 조상의 죄를 그 자손에게 삼사 대까지 갚게 하신다니 부당한 일이 아닐까요? 그렇지 않습니다. 이는 아무 잘못이 없는 자손들을 벌하신다는 것이 아닙니다. 오히려 삼사 대에 걸쳐 지속적으로 하나님을 대적하는 자들을 심판하시겠다는 뜻입니다.[16]

그러면 우리는 어떻게 살 것인가?

우리는 인간의 몸에 대해 다 알지 못합니다. 연구하면 할수록 더 깊은 신비에 빠질 뿐입니다. 우리는 이 지구에 대해 다 알지 못합니다. 얼마나 많은 생물이 존재하는지, 지구 저 깊은 곳은 어떤지 제대로 알지 못합니다. 우주는 말할 것도 없습니다. 인간이란 이런 존재입니다. 인간이 알고 있고 알 수 있는 것은 지극히 제한되어 있습니다.

하나님에 대해선 얼마나 알 수 있을까요? 하나님께서 알려 주시지 않으면 우리는 아무것도 알 수 없습니다. 오직 하나님께서 알려 주신 만큼만 하나님에 대해 알 수 있습니다. 그러므로 겸손해야 합니다.

하나님께서 성경을 통해 알려 주신 대로만 그분을 믿어야 합니다. 우리 마음대로 하나님을 형상화하지 말아야 합니다. 우리 마음대로 하나님을 단정지어서도 안 됩니다. 우리 생각을 하나님의 생각처럼 높이지 말아야 합니다. 오직 성경이 말하는 만큼만 믿고 행해야 합니다. 하나님을 예배하는 것도 마찬가지입니다. 자신의 소견에 옳은 대로 예배해서는 안 됩니다. 오직 성경을 따라 예배해야 합니다.

제3계명

경외하는 마음으로 하나님을 예배하라!

너는 네 하나님 여호와의 이름을 망령되게 부르지 말라. 여호와는 그의 이름을 망령되게 부르는 자를 죄 없다 하지 아니하리라.

-출애굽기 20:7

이름의 중요성

우리는 부모님이나 선생님의 이름을 함부로 부르지 않습니다. 다른 사람에게 부모님의 이름을 이를 때는 한 자 한 자 예를 갖추어 말합니다. 이름이 그 사람의 실체를 반영하기 때문입니다. 누군가의 이름을 들으면 곧바로 그의 모습을 떠올리게 됩니다. 이름은 단순히 글자가 아닙니다.

이 세상에서 가장 소중한 이름은 무엇일까요? 당연히 하나님의 이름입니다. 하나님은 세상 모든 것을 만드신 창조주요, 우리를 죄에서 구원하신 구주시기 때문입니다.

제3계명의 기본 의미

웨스트민스터 대요리문답 112문. 제3계명에서 요구하는 것은 무엇입니까?

답: 제3계명에서 요구하는 것은 하나님의 이름, 칭호, 속성, 규례, 말씀, 성례, 기도, 맹세, 서약, 제비, 그분의 사역과 그 외에 하나님께서 자기를 알리시는 어떤 방편들이라도 생각과 묵상과 말과 글에서나 거룩한 고백과 책임 있는 대화에서 하나님의 영광과 우리 자신과 다른 사람들의 유익을 위하여 거룩하고 경건하게 사용해야 한다는 것입니다.

그토록 소중한 하나님의 이름을 우리는 어떻게 다루어야 할까요? 제3계명이 그 질문에 답하고 있습니다. 우리는 하나님의 이름을 망령되게 부르지 말아야 합니다.

성경에서 "망령되게"로 번역된 히브리어 '샤웨'에는 크게 두 가지 의미가 있습니다. 첫째는 '비어 있는'입니다. 하나님의 이름을 빈 마음으로 불러서는 안 됩니다. 반드시 경외하는 마음, 감사하는 마음으로 불러야 합니다. 둘째는 '거짓'입니다. 하나님의 이름을 악한 목적으로 사용해서는 안 됩니다. 반드시 하나님께 영광이 되는 방식으로 그 이름을 사용해야 합니다.

정리하면 하나님의 이름을 빈 마음으로 부르거나 악한 목적으로 사용하는 자에게 하나님께서 벌을 내리신다는 것이 제3계명의 내용입니다.

하나님의 이름을 잘못 사용한 예

웨스트민스터 대요리문답 113문. 제3계명에서 금하는 죄는 무엇입니까?

답: 제3계명에서 금하는 죄는 다음과 같습니다. 하나님의 이름을 명한 대로 사용하지 않는 것, 그 이름을 무지하게, 헛되이, 불경건하게, 속되게, 미신적으로나 악하게 언급함으로 하나님의 이름을 남용하는 것, 하나님의 칭호, 속성, 규례, 사역을 모독과 위증에 사용하는 것, 그리고 모든 죄악 된 저주, 맹세, 서원, 제비에 사용하는 것, 합법적인 맹세와 서원을 위반하고 불법적인 맹세와 서원을 지키는 것, 하나님의 작정과 섭리에 불평하고 항변하며, 이를 호기심으로 파고들거나 잘못 적용하는 것, 하나님의 말씀이나 그것의 특정 부분을 잘못 해석하고 적용하고, 혹은 어떤 방식으로 왜곡하여 모독적인 농담이나 별나고 무익한 질문이나 헛된 말다툼이나 거짓 교리를 지지하는 일에 악용하는 것, 하나님의 이름을 피조물이나 하나님의 이름 아래 내포된 무엇에나 마술 혹은 죄악 된 정욕과 행동에 남용하는 것, 하나님의 진리와 은혜 및 방법을 훼방하고 경멸하고 욕하거나 교활하게 반대하는 것, 외식과 악한 목적으로 믿음을 고백하는 것, 하나님의 이름을 부끄러워하거나, 적합하지 않고, 지혜롭지 못하고, 열매가 없고, 무례하게 행동하여 그 이름에 수치를 돌리거나 그 이름을 배반하는 것입니다.

유대인의 경우

유대인들은 하나님의 이름이 너무 거룩해서 감히 입에 담을 수 없다고 생각했습니다. 그래서 하나님의 이름을 다른 것으로 바꿔서 불렀습니다. 대표적으로, 하나님의 이름 중 하나인 '야웨'를 아도나이, 곧 주(Lord)로 바꾸어 불렀습니다. 그렇다고 그들이 제3계명을 잘 지켰다고 볼 수 없습니다. 하나님의 이름을 함부로 부르지 말라는 것은 그 이름을 아예 사용하지 말라는 것이 아니라 제대로 사용하라는 뜻이기 때문입니다.

하나님의 이름을 '빈 마음'으로 부르는 경우

이런 일은 우리가 예배 드릴 때 자주 일어납니다. 예배 중 찬양 시간에 이렇게 청하는 사람이 있습니다. "오늘은 조용한 거 말고 신나는 찬양을 부르면 좋겠어요!" 누구를 신나게 하겠다는 걸까요? 하나님이 아니라 자기 자신이 아닌가요? 이렇게 부르는 찬양 속에 과연 하나님을 경외하는 마음이 제대로 담길지 모르겠습니다.

또 "주여"를 입에 달고 사는 사람이 있습니다. 교회생활을 오래한 분일수록 그런 경향이 있다면 지나친 말일까요? 그릇을 떨어뜨려도 "주여", 아침에 늦게 일어나도 "주여", 버스를 놓쳐도 "주여" 하고 습관적으로 하나님의 이름을 뱉습니다. 이 역시 빈 마음으로 하나님의 이름을 부른다는 점에서 제3계명을 어기는 일입니다.

예수님은 하나님의 이름으로 맹세하는 것을 금하셨습니다(마 5:34). 맹세 내용이 사실이 아닌데도 하나님의 이름을 내세워 다른 사람을 속이려는 자들이 있었기 때문입니다. 예수님이 금하신 것은 맹세 자체가 아니라 하나님의 이름을 악한 목적으로 사용하는 것이었습니다.

하나님의 이름이 농담이나 욕의 도구로 사용되는 경우도 있습니다. 예를 들어 미국인들은 곤란한 상황이 닥치면 "오 마이 갓(Oh, my God)" 하고 외치는데, 이 말은 "오, 나의 하나님"이라기보단 "이런, 제길"에 더 가깝습니다. 하나님의 이름을 이런 식으로 사용하는 것 역시 제3계명을 어기는 일입니다.

하나님의 이름을 잘못 사용한 결과

제3계명을 어기는 것이 얼마나 두려운 일인지 보여 주는 예가 레위기 24장에 나옵니다. 여기에 보면 어머니는 이스라엘인이고 아버지는 애굽인인 아이가 등장합니다. 어느 날 이 아이가 하나님의 이름을 모독합니다. 이에 이스라엘 무리가 사태의 심각성을 깨닫고 그 아이를 가둡니다. 그리고 어떻게 처벌할지 하나님께 묻습니다. 하나님은 이렇게 말씀하십니다.

> 그 저주한 사람을 진영 밖으로 끌어내어 그것을 들은 모든 사람이 그들의 손을 그의 머리에 얹게 하고 온 회중이 돌로 그를 칠지니라. 너는 이스라엘 자손에게 말하여 이르라. 누구든지 그의 하나님을 저주하면 죄를 담당할 것이요 여호와의 이름을 모독하면 그를 반드시 죽일지니 온 회중이 돌로 그를 칠 것이니라. 거류민이든지 본토인이든지 여호와의 이름을 모독하면 그를 죽일지니라(레 24:14-16).

하나님의 이름을 함부로 사용한 대가가 무엇입니까? 사형입니다. 이어지는 말씀은 더 놀랍습니다.

> 사람을 쳐죽인 자는 반드시 죽일 것이요(레 24:17).

하나님의 이름을 모독한 자가 받는 형벌과 사람을 죽인 자가 받는 형벌이 동일합니다. 하나님은 자신의 이름을 모독하는 일을 살인과 같은 수준의 범죄로 여기십니다. 그러므로 우리는 정말 신중하게 하나님의 이름을 사용해야 합니다. 하나님의 이름을 경외함 없이 사용하는 것과 악한 목적으로 사용하는 것이 살인죄에 맞먹는 일임을 명심해야 합니다.

제3계명을 적극적으로 지키는 방법

지금까지 제3계명을 어기지 않는 방법을 살펴보았습니다. 주로 소극적이고 수동적인 방법들입니다. 더 적극적이고 능동적으로 제3계명을 지키는 방법에는 무엇이 있을까요? 첫째는 복음 전파입니다. 성경은 복음을 전하는 자들의 발이 아름답다고 말합니다(롬 10:13-15). 복음을 전하기 위해 하나님의 이름을 사용하는 것을 하나님은 크게 기뻐하십니다.

둘째는 기도입니다. 성경은 환난 날에 하나님의 이름을 부르는 것이 그분을 영화롭게 한다고 말합니다(시 50:15). 자주, 그러나 경외함으로 하나님의 이름을 부르며 기도해야 합니다. 생각 없이 "주여"라는 말을 반복하는 것은 하나님의 이름을 주문처럼 사용하는 것이므로 삼가야 합니다.

셋째는 감사입니다. 성경은 모든 영광을 주 예수님께 돌리라고 말합니다(골 3:17). 누군가에게 칭찬을 듣는다면 그 공로를 하나님께 돌려야 합니다. 하나님께서 도우신 결과라고 힘주어 말해야 합니다. 하나님이 받으실 영광을 가로채지 않고 모든 영광을 그분의 이름에 돌리는 것은 제3계명을 적극적으로 지키는 일입니다.

제3계명과 예배

제1계명이 예배 대상, 제2계명이 예배 방법과 관련된 것이라면, 제3계명은 예배 태도와 관련되어 있습니다. 하나님의 이름을 망령되게 부르지 말라는 것은 곧 "하나님을 경외하는 마음으로 예배하라!"는 명령입니다. 하나님을 경외하는 마음 없이 예배 드리는 자리에 앉는 것, 감사하는 마음 없이 입술로만 찬양하는 것, 설교 말씀에 집중하지 않는 것은 모두 제3계명을 어기는 일입니다.

제3계명을 지켜야 하는 이유

제3계명에는 이 계명을 지켜야 하는 이유가 덧붙어 있습니다. "여호와는 그의 이름을 망령되게 부르는 자를 죄 없다 하지 아니하리라"(출 20:7). 하나님의 이름을 망령되게 다루는 것은 주로 우리 마음속에서 일어납니다. 다른 사람들이 보기에 우리가 제3계명을 어겼는지 알 수 없는 경우가 많습니다. 하지만 모든 것을 보시는 하나님은 우리가 마음으로 짓는 죄도 아십니다. 이 계명에 덧붙여진 내용은, 제3계명을 어기는 자들이 사람들의 권징과 벌은 피할 수 있을지라도 하나님의 의로운 심판은 피하지 못할 것임을 보여 줍니다.[17]

그러면 우리는 어떻게 살 것인가?

세상에서 가장 중요하고 존귀한 이름은 하나님의 이름입니다. 우리는 하나님의 이름을 함부로 불러서는 안 됩니다. 악한 목적이나 농담의 도구로 사용해서도 안 됩니다. 대신에 복음을 전할 때, 기도할 때, 영광을 돌릴 때 하나님의 이름을 적극 사용해야 합니다. 경외하는 마음과 감사하는 마음으로 사용해야 합니다. 우리 그리스도인에게 하나님의 이름이 걸려 있음을 명심하십시오. 세상은 우리를 통해 하나님을 봅니다. 나의 잘못이 나 한 사람의 잘못으로 끝나지 않습니다. 나 때문에 하나님의 이름이 욕을 먹게 됩니다. 그러므로 하나님의 거룩한 이름에 합당하게 살고자 힘써야 합니다.

제4계명

주일에는 반드시 하나님을 예배하라!

안식일을 기억하여 거룩하게 지키라. 엿새 동안은 힘써 네 모든 일을 행할 것이나 일곱째 날은 네 하나님 여호와의 안식일인즉 너나 네 아들이나 네 딸이나 네 남종이나 네 여종이나 네 가축이나 네 문안에 머무는 객이라도 아무 일도 하지 말라. 이는 엿새 동안에 나 여호와가 하늘과 땅과 바다와 그 가운데 모든 것을 만들고 일곱째 날에 쉬었음이라. 그러므로 나 여호와가 안식일을 복되게 하여 그날을 거룩하게 하였느니라. -출애굽기 20:8-11

우리는 치열한 경쟁 사회에서 살아가고 있습니다. 경쟁에서 뒤처지면 도태되고 만다는 불안감은 크든 작든 누구에게나 있습니다. 그러니 맘편히 쉬지 못합니다. 다람쥐 쳇바퀴 돌 듯

무슨 일이든 붙들고 있어야 불안한 마음을 잠재울 수 있습니다. 현실이 이런데도 하나님은 우리에게 안식일을 지키라고 명하십니다. 안식일이 어떤 날이기에 십계명의 한 조항으로 이것을 명하고 계실까요?

제4계명의 기본 의미

우리에게 생일이나 결혼기념일은 특별합니다. 국가도 마찬가지입니다. 특별한 날을 국경일로 지정하여 기념합니다. 그리스도인에게는 안식일이 이런 날입니다. 성경은 안식일의 시작을 다음과 같이 기록하고 있습니다.

> 천지와 만물이 다 이루어지니라. 하나님이 그가 하시던 일을 일곱째 날에 마치시니 그가 하시던 모든 일을 그치고 일곱째 날에 안식하시니라. 하나님이 그 일곱째 날을 복되게 하사 거룩하게 하셨으니 이는 하나님이 그 창조하시며 만드시던 모든 일을 마치시고 그날에 안식하셨음이니라(창 2:1-3).

하나님께서 천지창조의 일곱째 날에 안식하셨다는 말씀입

니다. 피곤한 몸을 쉬시기 위해서였을까요? 그렇지 않습니다. 영이신 하나님은 결코 피곤하거나 지치지 않으십니다. 하나님께서 일곱째 날에 안식하신 것은 창조를 기뻐하고 기념하기 위함입니다.

안식일의 시작과 의미

안식일은 언제부터 지키기 시작했을까요? 어떤 이들은 안식일은 창조의 질서이므로 창조 이후로 안식일을 지켰다고 믿습니다. 한편, 하나님께서 시내 산에서 모세에게 십계명을 주신 이후로 안식일을 지켰다고 믿는 이들도 있습니다. 무엇이 맞는지 단언하기 어렵지만, 앞의 창세기 말씀을 보면 안식일은 창조와 함께 제정된 창조 질서로 봐야 할 것 같습니다. 그렇다면 안식일을 처음 지킨 사람은 첫 사람 아담입니다.

성경은 안식일에 대해 "일곱째 날은 네 하나님 여호와의 안식일인즉"(출 20:10)이라고 규정하고 있습니다. 이처럼 안식일을 구별하여 지켜야 하는 이유는 무엇일까요? 성경은 크게 두 가지를 말하고 있습니다. 먼저 출애굽기 20장입니다.

> 이는 엿새 동안에 나 여호와가 하늘과 땅과 바다와 그 가운데 모든 것을 만들고 일곱째 날에 쉬었음이라. 그러므로 나 여호와가 안식일을 복되게 하여 그날을 거룩하게 하였느니라(출 20:11).

하나님께서 엿새 동안에 모든 것을 창조하신 후 안식하셨기 때문에 이를 기념하여 안식일을 지키라는 설명입니다.

다음으로, 신명기 5장을 보십시오.

> 너는 기억하라. 네가 애굽 땅에서 종이 되었더니 네 하나님 여호와가 강한 손과 편 팔로 거기서 너를 인도하여 내었나니 그러므로 네 하나님 여호와가 네게 명령하여 안식일을 지키라 하느니라(신 5:15).

하나님께서 이스라엘을 애굽에서 구원하신 것을 기념하여 안식일을 지키라는 설명입니다. 이것이 성경이 말하는 바, 우리가 안식일을 구별하여 지켜야 하는 두 번째 이유입니다.

하나님의 창조와 구원은 우리가 하나님을 예배하는 이유이기도 합니다. 그러므로 우리는 안식일을 구별하여 지킬 뿐 아니라 특별히 거룩하게 예배하는 날로 지켜야 합니다.

안식일에서 주일로

예수님께서 부활하신 이후로 교회는 '구약의 안식일'이 아니라 '신약의 주일'을 지킵니다. 구약의 안식일은 한 주의 마지막 날인 토요일이지만, 신약의 주일은 한 주의 첫째 날인 일요일입니다. 왜 이런 변화가 일어났을까요?

그 이유는 예수님께서 이 땅에 오셔서 안식일의 목적을 성취하셨기 때문입니다.[18] 구약의 안식일은 '오실 예수님'을 희미하게 보여 주는 의식이었습니다. 예수님을 통해 누리게 될 영원한 안식을 미리 맛보며 누리는 날이었던 것입니다. 히브리서 10장은 이 사실을 다음과 같이 말합니다.

> 율법은 장차 올 좋은 일의 그림자일 뿐이요 참 형상이 아니므로(히 10:1).

구약의 율법은 장차 오실 그리스도를 희미하게 보여주는 그림자였습니다. 안식일 계명도 마찬가지입니다. 구약의 안식일이 희미하게 보여 주었던 '영원한 안식'은 예수님의 죽음과 부활을 통해 성취되었습니다. 예수님을 믿는 자들은 이미 영원한 안식을 누리고 있습니다. 바로 이것이 예수님께서 "수고

하고 무거운 짐 진 자들아 다 내게로 오라. 내가 너희를 쉬게 하리라"(마 11:28)고 말씀하신 의미입니다.

신약의 교회는 구약의 안식일 대신에 예수님께서 부활하신 일요일을 '주님의 날', 줄여서 '주일'로 기념하여 지켰습니다. 성경은 이 사실을 다음과 같이 기록하고 있습니다. "그 주간의 첫날에 우리가 떡을 떼려 하여 모였더니 바울이 이튿날 떠나고자 하여 그들에게 강론할새 말을 밤중까지 계속하매"(행 20:7).

초대교회 성도들은 한 주의 첫날, 즉 일요일에 떡을 떼기 위해 모였습니다. 떡을 뗀다는 것은 예배의 한 순서인 성찬을 의미합니다. 초대교회 성도들이 주일마다 모여 예배를 드린 것입니다. 혹자는 이것이 특정 지역에 국한된 일이 아니었을까 하는 의문을 가질 수 있습니다. 이런 의문은 사도 바울이 고린도 교회에 보낸 편지를 보면 깔끔하게 해소됩니다. "매주 첫날에 너희 각 사람이 수입에 따라 모아 두어서 내가 갈 때에 연보를 하지 않게 하라"(고전 16:2). 여기서 바울은 매주 첫날에 모여 예배하는 것을 당연한 일로 전제하고 있습니다. 이는 이미 주일을 새로운 안식일로 지정하여 지키는 것이 보편화 되었음을 보여 줍니다.

주일, 새 창조를 기념하는 날

구약의 안식일인 토요일이 처음 창조를 기념하는 날이라면, 신약의 안식일인 주일은 새로운 창조를 기념하는 날입니다. 성경은 "그런즉 누구든지 그리스도 안에 있으면 새로운 피조물이라. 이전 것은 지나갔으니 보라 새 것이 되었도다(고후 5:17)라고 말합니다. 우리는 그리스도의 죽음과 부활을 통해 새로운 피조물이 되었습니다. 이전에는 죄와 사망의 노예였지만 이제는 하나님의 백성이요 양자입니다. 그런 점에서 안식일이 아니라 주일을 지키는 것은, 우리가 그리스도 안에서 새로운 피조물이 되었음을 드러내는 일이기도 합니다.

제4계명이 요구하는 의무

웨스트민스터 대요리문답 116문. 제4계명에서 요구하는 것은 무엇입니까?

답: 제4계명은 하나님께서 그의 말씀으로 명하신 특정한 시간, 특히 7일 중에 온전한 하루를 하나님께 성결하게 하거나 거룩하게 지킬 것을 모든 사람에게 요구합니다. 이 날은 창세로부터 그리스도의 부활까지는 일곱째 날이었으나, 그 후부터는 매주 첫 날이 되어 세상 끝날까지 지속될 것입니다. 이것이 기독교의 안식일이고, 신약에서는 주일이라고 합니다.

제4계명이 요구하는 의무는 다음과 같습니다. 첫째, 주일을 거룩하게 지키는 것입니다(출 20:8). “거룩하게”라는 것은 따로 구별한다는 말입니다. 모든 날을 하나님을 위해 살아야 하지만 그것이 현실적으로 힘들기에 주일 하루만큼은 온전히 하나님께 드리라는 뜻입니다. 어떻게 해야 주일을 하나님께 드릴 수 있을까요?

제4계명이 요구하는 둘째 의무가 그 방법에 해당합니다. 평소에 하던 일을 멈추는 것입니다. 그렇지 않고서는 주일을 하나님께 드릴 수 없기 때문입니다. 시험을 준비하는 학생은 시험공부를 멈춰야 합니다. 장사하는 성도는 장사를 멈춰야 합니다. 어떻게 해야 평소에 하던 일을 주일에 멈출 수 있을까요?

셋째 의무에 그 답이 있습니다. 주일이 아닌 6일 동안 열심히 일해야 합니다. 6일 동안 성실하게 살지 않으면 밀린 일 때문에 주일에 온전히 쉴 수 없습니다. 그렇다면 주일은 아무 일도 하지 않고 쉬기만 하는 날일까요? 그렇지 않습니다. 평소에 하던 일을 멈추는 것은 주일에 해야 할 일이 있기 때문입니다. 그것이 무엇일까요?

넷째 의무를 행하는 것입니다. 주일에 반드시 예배를 드리는 것이지요. 노동과 오락을 멈추고 부득이한 일과 자비를 베푸는 일 외에는 예배에 집중해야 합니다(눅 4:16). 부득이한 일이란 의료, 치안, 국방, 인명 구조와 관련된 일을 말합니다. 만약 모든 의료진과 군인과 경찰과 소방관이 주일에 쉰다면 심각한 문제가 일어날 것입니다. 다만 이런 경우에는 주일이 아닌 다른 날 하루를 대신해서 하나님께 드려야 할 것입니다.

제4계명이 금하는 죄[19]

웨스트민스터 대요리문답 119문. 제4계명에서 금하는 죄는 무엇입니까?

답: 제4계명에서 금하는 죄는 요구된 의무들을 이행하지 않는 모든 것, 그 의무들을 부주의하고 태만하고 무익하게 이행하는 것, 그 의무들에 싫증을 느끼는 것, 게으름으로 그날을 모독하는 것과 그 자체로 죄 되는 일을 행하는 것, 세상 일이나 오락에 대한 불필요한 행동과 말과 생각으로 범하는 죄입니다.

제4계명이 금하는 죄는 다음과 같습니다. 첫째, 제4계명이 요구하는 의무들을 이행하지 않는 것입니다. 주일 하루를 하나님께 드리지 않는 것, 평소에 하던 일을 멈추지 않는 것, 6일 동안 열심히 일하지 않는 것, 그리고 주일에 예배를 드리지 않는 것은 제4계명을 어기는 일입니다.

둘째, 제4계명이 요구하는 의무들을 부주의하고 태만하고 무익하게 이행하는 것입니다. 예를 들어, 유두고라는 사람은 바울이 인도하는 예배에 참석했으나 창가에 앉아 졸다가 3층에서 떨어져 생사를 오가는 소란을 벌였습니다(행 20:7-9).

셋째, 주일을 게으르게 보내거나 주일에 어울리지 않는 일을 하는 것입니다. 하나님은 안식일에 손님을 초대하여 잔치를 벌인 자들을 가리켜 성소를 더럽히며 안식일을 범한 자들이라고 말씀하셨습니다(겔 23:38-42).

넷째, 오락을 하는 것입니다(사 58:13). 오락 자체를 금하는 것은 아닙니다. 다른 날은 몰라도 주일 하루만큼은 나 자신을 위한 오락을 금하고 하나님을 영화롭게 하는 데 집중해야 한다는 뜻입니다.

제4계명을 지켜야 하는 이유

제4계명에는 다음과 같은 말씀이 덧붙어 있습니다. "엿새 동안은 힘써 네 모든 일을 행할 것이나 일곱째 날은 네 하나님 여호와의 안식일인즉 너나 네 아들이나 네 딸이나 네 남종이나 네 여종이나 네 가축이나 네 문안에 머무는 객이라도 아무 일도 하지 말라. 이는 엿새 동안에 나 여호와가 하늘과 땅과 바다와 그 가운데 모든 것을 만들고 일곱째 날에 쉬었음이

라. 그러므로 나 여호와가 안식일을 복되게 하여 그날을 거룩하게 하였느니라"(출 20:9-11).

우리는 이 말씀에서 제4계명을 힘써 지켜야 하는 이유를 발견할 수 있습니다.[20] 첫째, 하나님의 공평성 때문입니다. "엿새 동안은 힘써 네 모든 일을 행할 것"이라는 말씀에서 보듯이 하나님은 우리가 자신의 일에 힘쓸 수 있는 6일을 모두에게 똑같이 허락해 주셨습니다.

둘째, 주일이 하나님께 속한 날이기 때문입니다. "일곱째 날은 네 하나님 여호와의 안식일인즉"이라는 말씀은, 특별한 예를 갖추어 주일을 보내는 것이 당연한 이유를 알려 줍니다.

셋째, 하나님께서 먼저 모범을 보여 주셨기 때문입니다. "나 여호와가 하늘과 땅과 바다와 그 가운데 모든 것을 만들고 일곱째 날에 쉬었음이라"는 말씀에서 보듯이 우리도 하나님을 따라 주일을 지키는 것이 마땅합니다.

넷째, 하나님께서 주일을 복의 방편으로 삼으셨기 때문입니다. "그러므로 나 여호와가 안식일을 복되게 하여 그날을 거룩하게 하였느니라"는 말씀에서 보듯이 하나님은 이날을 지키는 자들에게 복을 약속하셨습니다.

그러면 우리는 어떻게 살 것인가?

주일에 쉬는 것을 손해로 여기는 사람들이 있습니다. 하나님께 예배 드리러 가는 것을 고통스럽게 여기는 사람들도 있습니다. 주일을 지키고 하나님을 예배하는 것이 왜 다른 일보다 가치 없게 느껴질까요? 주일이 우리를 위해 있음을 모르기 때문입니다. 예수님은 "안식일이 사람을 위하여 있는 것이요 사람이 안식일을 위하여 있는 것이 아니"(막 2:27)라고 말씀하셨습니다.

주일은 우리가 하나님을 위해 일하는 날이지만, 동시에 하나님께서 우리를 위해 일하시는 날이기도 합니다. 휴대전화를 정기적으로 충전하지 않으면 방전되어 못 쓰게 되듯 정기적으로 주일을 지키지 않으면 우리는 영적으로 방전되고 맙니다. 6일 동안 세상에서 지치고 피곤해진 우리를 하나님께서 주일을 통해 위로하고 고쳐 주십니다. 주일에 예배 드리지 않고 경치 좋은 곳으로 놀러 가면 행복해질 것 같지만 절대 그렇지 않습니다. 인간은 하나님의 은혜 없이는 살 수 없고 참된 평안을 누릴 수 없는 존재이기 때문입니다.

제5계명

하나님이 세우신 권위에 복종하라!

네 부모를 공경하라. 그리하면 네 하나님 여호와가 네게 준 땅에서 네 생명이 길리라. -출애굽기 20:12

이 세상에서 '권위'가 사라지면 어떻게 될까요? 부모나 교사의 권위가 사라지면 아이들은 좋아할지도 모릅니다. 무엇이든 마음대로 할 수 있으니까요. 하지만 시간이 지나면 아이들도 뭔가 잘못되었음을 알게 될 것입니다. 국가의 권위가 사라졌다면요? 무법천지가 되겠지요. 권위가 사라졌다는 것은 질서가 사라졌다는 것과 동일한 뜻이기 때문입니다. 권위는 하나님의 창조 세계를 지탱하는 원리입니다. 권위에 관한 제5계명이 필요한 이유가 여기에 있습니다.

제5계명의 기본 의미

앞에서 십계명은 하나님을 사랑하는 것과 이웃을 사랑하는 것, 크게 두 부분으로 나눌 수 있다고 했습니다. 이웃 사랑에서 가장 먼저 나오는 내용이 부모 공경입니다. 이는 우리가 하나님 다음으로 우선순위를 두고 사랑해야 할 대상이 부모임을 보여 줍니다.

부모 공경은 보편적인 윤리입니다. 불신자들도 부모 공경을 중요하게 생각합니다. 그렇다면 기독교의 부모 공경은 어떻게 다른 것과 구별될까요? 그 이유가 다릅니다. 부모에게 하나님의 권위가 덧입혀져 있기 때문입니다.

하나님께서 우리를 지으셨습니다. 그런데 그 일을 대리하는 존재가 누구입니까? 누가 우리를 이 세상에 태어나게 했습니까? 부모입니다. 마찬가지로 하나님은 우리를 먹이고 입히고 지키는 일을 부모라는 존재를 통해 하십니다. 우리가 부모를 공경하는 것은, 하나님께서 자신을 대리하는 권위를 부모에게 주셨기 때문입니다. 제5계명은 유교적인 효와 예를 가르치는 것이 아니라 하나님께서 주신 권위에 순종하라는 말씀입니다. 즉 부모를 거역하는 것은 단순히 불효가 아니라 하나님의 권위에 도전하는 일입니다.

제5계명의 대상과 범위

제5계명의 핵심은 '사람을 향한 효'가 아니라 '하나님이 주신 권위'입니다. 그런데 하나님께서 부모에게만 권위를 주신 것이 아닙니다. 십계명이 모든 도덕법을 열 가지로 압축했듯이 제5계명의 '부모' 역시 우리가 공경해야 할 모든 권위자를 압축한 표현입니다. 그러므로 부모를 공경하라는 말씀은 부모뿐 아니라 하나님께서 권위를 주신 모든 대상을 공경하라는 의미를 담고 있습니다.

하나님께서 부모에게 자녀를 양육하는 권위를 주셨습니다. 하나님께서 목사에게 말씀을 전하는 권위를 주셨습니다. 하나님께서 교사에게 가르치는 권위를 주셨습니다. 하나님께서 판사에게 판결하는 권위를 주셨습니다. 하나님께서 경찰에게 공권력을 행사하는 권위를 주셨습니다. 하나님께서 국회에 법을 정하는 권위를 주셨습니다. 하나님께서 군인에게 국가를 수호하는 권위를 주셨습니다.

모든 권위의 근원이신 하나님께서 우리의 윗사람들을 통해 자신의 권위를 행사하십니다. 모든 권위는 왕이신 하나님께서 세상을 다스리시는 통로입니다. 그래서 성경은 이렇게 말합니다. "각 사람은 위에 있는 권세들에게 복종하라. 권세는 하나님으로부터 나지 않음이 없나니 모든 권세는 다 하나님이 정하신 바라"(롬 13:1).

부모의 권위가 중요한 이유

제5계명의 대상이 다양한데 유독 '부모'를 언급한 이유는 무엇일까요? 부모의 권위가 가장 우선적이고 중요하기 때문입니다. 부모는 우리가 이 세상에 태어나 처음 만나는 윗사람입니다. 권위에 순종하는 법을 부모에게서 가장 먼저 배웁니다. 가정에서 권위에 순종하는 법을 잘 배워야 하나님의 권위에도 순종할 수 있습니다. 그런 점에서 가정은 하나님께서 세우신 '권위 학교'입니다.

그런데 현실은 어떤가요? 부모의 권위가 땅에 떨어진 지 오래입니다. 자녀들이 부모의 권위를 인정하지 않습니다. 부모에게 신경질을 내는 걸 아무렇지 않게 생각합니다. 중요한 결정을 부모가 아니라 자녀들이 내립니다. 목사와 교사의 권위도 덩달아 실추되었습니다. '권위 학교'인 가정에서 순종을 배우지 못했기 때문입니다.

하나님의 권위와 사람의 권위

그런데 공경할 만한 가치가 없어 보이는 윗사람도 공경해야 할까요? 마음에 들지 않는 윗사람에게도 순종해야 할까요? 그렇습니다. 사도 바울은 "통치자들과 권세 잡은 자들에게 복종하며 순종"(딛 3:1)하라고 말합니다. 이 당시의 통치자들과 권세 잡은 자들은 신실한 그리스도인 지도자가 아니라 로마 제국의 황제와 관료들입니다. 그런데도 사도 바울이 그들에게 순종하라고 한 것은, 우리가 윗사람을 공경하는 근거가 하나님께 있기 때문입니다. 그들이 공경받을 만해서가 아닙니다. 그들의 권위가 하나님에게서 왔기 때문입니다(롬 13:1).

그렇다면 윗사람의 권위에는 무조건 순종해야 할까요? 그렇지 않습니다. 오직 "주 안에서"만 순종해야 합니다(엡 6:1). 윗사람의 명령이 하나님의 뜻과 상반될 때는 순종하지 않아도 됩니다. 이것이 기독교의 효와 세상의 효가 다른 점입니다. 세상이 공경하는 대상은 부모나 국가 자체지만, 기독교가 공경하는 궁극적인 대상은 하나님입니다. 그러므로 부모에게 순종하기 위해 하나님의 뜻을 어기는 것은 제5계명을 지키는 것이 아니라 오히려 어기는 일입니다.

제5계명이 요구하는 의무[21]

웨스트민스터 대요리문답 127문. 아랫사람은 윗사람을 어떻게 존경해야 합니까?

답: 아랫사람은 윗사람에게 마음과 말과 행동에서 마땅한 존중을 나타내야 합니다. 그들을 위한 기도와 감사로, 그들의 덕과 은혜를 본받음으로, 그들의 정당한 명령과 조언에 즐거이 순종하고 그들의 교정에 기꺼이 순복함으로, 그들의 다양한 계급과 지위의 성격에 따라 그들의 인격과 권위에 충성하며, 그것들을 변호하고 지지하며, 그들의 연약함을 짊어지고 사랑으로 덮어 줌으로써 그들과 그들의 다스림을 존경해야 합니다.

제5계명이 요구하는 의무는 다음과 같습니다. 첫째, 윗사람의 정당한 명령과 조언에 즐거이 순종해야 합니다(엡 6:5-7). 그들의 권위가 하나님에게서 왔기 때문입니다. 마지못해서가 아니라 그리스도를 섬기듯 기쁘게 순종해야 합니다.

둘째, 윗사람의 교정에 기꺼이 순복해야 합니다. "아이를 훈계하지 아니하려고 하지 말라"(잠 23:13)는 말씀에서 보듯, 하나님은 아랫사람을 바로잡는 권위를 윗사람에게 주셨습니다.

셋째, 윗사람의 연약함을 짊어지고 사랑으로 덮어 줘야 합니다. 노아가 포도주에 취해 벌거벗었을 때 셈과 야벳은 아버지의 연약함을 덮어 줬지만, 함은 아버지의 실수를 형제들에게 알렸습니다. 그 결과 셈과 야벳은 축복을 받은 반면에 함은 저주를 받았습니다(창 9:23).

제5계명이 금하는 죄[22]

웨스트민스터 대요리문답 128문. 아랫사람이 윗사람에게 범하는 죄는 무엇입니까?

답: 아랫사람이 윗사람에게 범하는 죄는 윗사람에 대한 의무를 소홀히 함과, 그들의 정당한 권고와 명령과 교정에도 불구하고 그들의 인격과 지위를 시기하고 경멸하며 거스르는 것입니다. 또한 저주하고 조롱하는 것과, 그들과 그들의 다스림에 치욕과 불명예가 되는 모든 완고하고 불미스러운 태도입니다.

제5계명이 금하는 죄는 다음과 같습니다. 첫째, 윗사람에 대한 의무를 소홀히 하는 것을 금합니다. 예수님은 하나님을 섬긴다는 핑계로 부모 공경을 소홀히 하는 자들을 정죄하셨습니다(마 15:4-6). 윗사람을 공경하는 것은 하나님께서 요구하시는 의무이므로 최선을 다해 순종해야 합니다.

둘째, 윗사람의 정당한 교정을 거스르는 것을 금합니다. 성경은 부모에게 순종하지 않는 아들은 성읍의 모든 사람들이 돌로 쳐죽여 두려움의 본으로 삼아야 한다고 말합니다(신 21:18-21). 오늘날 우리 문화에서 듣기에 무시무시한 말씀이 아닐 수 없습니다. 윗사람의 권위를 무시하는 것은 그만큼 하나님께서 미워하시는 일입니다.

셋째, 윗사람을 저주하고 조롱하는 것을 금합니다. 잠언에 "아비를 조롱하며 어미 순종하기를 싫어하는 자의 눈은 골짜

기의 까마귀에게 쪼이고 독수리 새끼에게 먹히리라"(30:17)는 말씀이 나옵니다. 약점이 없는 사람은 없습니다. 윗사람의 약한 모습을 보았을 때 조롱하고 비방하기보다 이해하려고 노력하는 것이 하나님의 뜻입니다.

윗사람의 의무[23]

웨스트민스터 대요리문답 129문. 아랫사람에 대한 윗사람의 의무는 무엇입니까?

답: 아랫사람에 대한 윗사람의 의무는 그들이 하나님에게서 받은 권세와 그들이 서 있는 관계에 따라서 그들의 아랫사람들을 사랑하고 그들을 위하여 기도하며 축복할 뿐 아니라 그들을 가르치고 권고하며 훈계하는 것입니다. 또한 잘하는 자들에게는 격려하고 칭찬하며 상 주는 것과, 잘못하는 자들에 대해서는 부끄럽게 하고 책망하며 징계하는 것입니다. 뿐만 아니라 그들을 보호하며 그들을 위해 영육 간에 필요한 모든 것을 공급하는 것입니다. 그리고 신중하고 지혜롭고 거룩하며 모범적인 태도로 하나님께 영광을 돌리고 스스로를 영예롭게 함으로써 하나님께서 그들에게 위임하신 권위를 보존하는 것입니다.

윗사람은 권위뿐 아니라 책임도 함께 가지고 있습니다. 하나님은 부모의 책임에 대해 이렇게 말씀하십니다. "아비들아 너희 자녀를 노엽게 하지 말고 오직 주의 교훈과 훈계로 양육하라"(엡 6:4). 상전에 대해서는 "상전들아, 너희도 그들에게 이와 같이 하고 위협을 그치라. 이는 그들과 너희의 상전이 하늘에 계시고 그에게는 사람을 외모로 취하는 일이 없는 줄 너희가 앎이라"(엡 6:9)고 말씀하십니다. 이렇듯 제5계명은 윗사람에 대한 아랫사람의 의무뿐 아니라 아랫사람에 대한 윗사람의 의무도 포함하고 있습니다.

아랫사람에 대한 윗사람의 의무는 다음과 같습니다. 첫째, 아랫사람을 사랑으로 가르치고 권고하고 훈계해야 합니다(골 3:18-21). 그들이 바르게 살 수 있도록 기도하고 축복해야 합니다. 옳지 못한 일을 하라고 명하는 것은 제5계명을 어기는 일입니다. 느부갓네살 왕이 금신상에 절하라고 명한 것이 대표적인 사례입니다(단 3:4-6).

둘째, 잘하는 자는 격려하고 칭찬하며, 잘못하는 자에 대해서는 부끄럽게 하고 책망하며 징계해야 합니다(롬 13:3-4). 악한 일을 권하고 좋아하게 하거나 선한 일을 만류하고 저지하는 것은 제5계명을 어기는 일입니다(막 6:24). 아랫사람들이 예수님을 믿지 못하도록 방해했던 바리새인들이 대표적인 사례입니다(요 7:45-49).

셋째, 아랫사람에게 영육 간에 필요한 것을 공급해 줘야 합니다(엡 6:4). 특히 영적인 필요를 채워 줘야 합니다. 부모가 자녀의 신앙교육에 무관심한 것은 제5계명을 어기는 일입니다.

넷째, 아랫사람에게 모범을 보여야 합니다(딤전 4:12). 자신은 거룩하게 살지 않으면서 아랫사람에게만 거룩하게 살라고 요구하는 것은 부당합니다. 사도 바울처럼 나를 본받으라고 말할 수 있을 만큼 자신이 먼저 거룩하게 살고자 힘써야 합니다(빌 3:17).

동등한 관계에서 지켜야 할 의무[24]

웨스트민스터 대요리문답 131문. 동등한 사람들 사이의 의무는 무엇입니까?

답: 동등한 사람들 사이의 의무는 서로의 존엄성과 가치를 인정하고, 서로를 먼저 존중하며, 서로의 은사와 높아짐을 자기 것인 양 기뻐하는 것입니다.

제5계명은 자녀가 부모에게 행해야 할 의무만 말하지 않습니다. 대상을 가리지 않고 하나님께서 주신 권위에 복종하는 것이 제5계명의 참뜻입니다. 때로는 동등한 관계에 있는 사람에게도 복종해야 할 때가 있는데, 그 모습은 다음과 같이 나타납니다. 첫째, 서로를 존중합니다. 동등한 관계라고 해서 상대방의 가치를 평가절하하거나 그의 은사를 시기해서는 안 됩니다. 모든 성도를 친형제로 여기고 먼저 존경하는 것이 하나님의 뜻입니다(롬 12:10).

둘째, 서로에게 있는 은사와 진보를 자기 것인 양 기뻐합니다. 동등한 관계에 있는 사람이 나보다 더 많은 은사를 가지고 있고, 더 빨리 진보하고 번영하는 것을 속상해 하면 안 됩니다. 기뻐하는 지체와 함께 기뻐하고, 우는 지체와 함께 우는 것이 하나님의 뜻입니다(롬 12:15). 상대방이 더 진보할 수 있도록 도와야 합니다(빌 2:3-4).

제5계명에 덧붙인 말씀

제5계명에는 "네 하나님 여호와가 네게 준 땅에서 네 생명이 길리라"는 말씀이 덧붙어 있습니다. 제5계명을 지키는 자들에게 주어진 장수와 번영의 약속입니다. 하나님께서 제5계명에 순종하는 자들을 얼마나 기쁘게 여기시는지 알 수 있는 대목입니다. 그렇다면 단명하거나 실패하는 자들은 제5계명을 어겼기 때문일까요? 그렇지 않습니다. 단명과 실패가 오히려 더 유익할 때도 있습니다. 시편 기자는 "고난 당하기 전에는 내가 그릇 행하였더니 이제는 주의 말씀을 지키나이다"(시 119:67)라고 노래했습니다. 제5계명에 덧붙은 약속은 하나님의 영광과 개인의 신앙에 유익한 경우에만 해당합니다.

그러면 우리는 어떻게 살 것인가?

우리는 윗사람의 권위에 순종하며 살아야 합니다. 모든 권위가 하나님에게서 왔기 때문입니다. 윗사람의 권위에 순종하는 것은, 곧 하나님께 순종하는 일입니다. 우리는 윗사람의 권위에 순종함을 통해 하나님께 순종합니다.

특별히 부모에게 순종해야 합니다. 부모는 우리가 이 세상에서 가장 먼저 만나는 권위자입니다. 부모에게 순종하는 것을 배우지 않으면 다른 권위자에게도 순종할 수 없고, 더 나아가 하나님께도 순종할 수 없습니다. 윗사람을 공경하는 의무를 소홀히 해서는 안 되며, 그들의 정당한 교정에 기꺼이 순복해야 합니다. 그들의 연약함을 조롱하지 않고 사랑으로 덮어 줘야 합니다.

제6계명

하나님의 형상인 사람을 소중하게 대하라!

살인하지 말라. -출애굽기 20:13

살인하지 않는 사람은 많아도 살생하지 않는 사람은 별로 없습니다. 모기나 파리를 죽여 보지 않은 사람을 찾기 어렵고, 고기를 전혀 먹지 않은 사람도 드뭅니다. 이처럼 살생은 우리 일상 속에서 흔한 일입니다. 그런데 살인을 모기나 파리 죽이는 것처럼 생각하고, 사람을 짐승 대하듯 한다면 어떻게 될까요? 그런 세상은 상상만 해도 끔찍하지 않은가요? 바로 이것이 하나님께서 우리에게 제6계명을 주신 이유입니다.

제6계명의 기본 의미

제6계명은 "살인하지 말라"입니다. 사람을 죽이지 말라는 말씀입니다. 벌레를 밟아 죽인다든지 먹기 위해 동물을 죽이는 행위는 제6계명과 상관 없습니다. 그렇다면 유독 사람을 죽여서는 안 되는 이유는 무엇일까요? 사람은 하나님의 형상으로 지어졌기 때문입니다.

하나님께서 수많은 생명을 창조하셨지만 그분의 형상으로 만드신 존재는 사람밖에 없습니다(창 1:26-28). 하나님의 형상을 하고 있다는 것은 하나님을 닮아 그분과 인격적인 교제를 나눌 수 있는 존재라는 뜻입니다. 그러므로 사람의 생명과 인격을 함부로 대하는 것은 하나님께 도전하는 것과 같습니다. 하나님은 이런 경고를 남기셨습니다. "다른 사람의 피를 흘리면 그 사람의 피도 흘릴 것이니 이는 하나님이 자기 형상대로 사람을 지으셨음이니라"(창 9:6).

예수님의 제6계명 해석

예수님 당시 유대인들은 사람을 직접 죽이지만 않으면 제6계명을 잘 지킨 것으로 여겼습니다. 그러나 예수님은 전혀 다른 관점으로 제6계명을 해석하셨습니다.

> 옛 사람에게 말한바 살인하지 말라 누구든지 살인하면 심판을 받게 되리라 하였다는 것을 너희가 들었으나 나는 너희에게 이르노니 형제에게 노하는 자마다 심판을 받게 되고 형제를 대하여 라가라 하는 자는 공회에 잡혀가게 되고 미련한 놈이라 하는 자는 지옥 불에 들어가게 되리라(마 5:21-22).

예수님은 언어로 인격을 모독하는 것도 살인이라고 말씀하셨습니다. 왜 육신의 생명과 직접 관련이 없는 인격 모독을 살인으로 여기셨을까요? 살인과 인격 모독이 둘 다 같은 동기에서 시작되기 때문입니다. 사람을 하나님의 형상으로 존중하지 않는 마음이 어떤 경우에는 살인으로, 또 어떤 경우에는 인격 모독으로 표출되는 것입니다. 결과는 다를지라도 마음의 동기는 같습니다. 그래서 예수님은 둘 다 제6계명을 어긴 것으로 간주하셨습니다.

제6계명이 요구하는 의무와 금지 사항[25]

웨스트민스터 대요리문답 135문. 제6계명에서 요구하는 의무는 무엇입니까?

답: 제6계명에서 요구하는 의무는 우리 자신과 다른 사람들의 생명을 보존하기 위해 모든 세심한 연구와 정당한 노력을 기울이는 것입니다. 누구의 생명이든 부당하게 빼앗으려는 모든 생각과 의도를 대적하고, 그런 모든 격정을 억누르고, 그런 모든 기회와 유혹과 행위를 피하는 것입니다. 동시에 폭력에 대항하여 정당하게 방어하며, 하나님의 섭리에 대해 인내로 견디며, 마음을 평온하게 하고, 영혼을 즐겁게 하며, 식사와 음료와 약과 수면과 노동과 오락을 건전하게 사용하는 것입니다. 자비로운 생각, 사랑, 긍휼, 온유, 부드러움, 친절함, 온순하고 부드럽고 예의바른 말과 행동, 관용하고 화해하려는 자세를 취하고, 해를 입힌 것에 대해 관용하고 용서하며, 악을 선으로 갚고, 낙심한 자들을 위로하고 도우며, 무고한 자들을 보호하고 변호하는 것입니다.

웨스트민스터 대요리문답 136문. 제6계명에서 금하는 죄는 무엇입니까?

답: 제6계명에서 금하는 죄는 공적인 정의 시행이나 정당한 전쟁 또는 정당방위 등의 경우를 제외하고 우리 자신이나 다른 사람들의 생명을 빼앗아 가는 모든 행동입니다. 또 생명을 보존하는 합법적이고 필수적인 방편을 소홀히 하거나 철회하는 것입니다. 악한 분노, 증오심, 시기, 복수심과 모든 과도한 격정과 마음을 산란하게 하는 모든 염려와, 식사와 음료, 노동과 오락을 무절제하게 사용하는 것입니다. 격동하게 하는 말, 억압, 다툼, 구타, 상해와 타인의 생명을 파괴하는 모든 행위입니다.

하나님께서 제6계명에서 원하시는 것은 단순히 살인하지 않는 정도가 아닙니다. 사람을 하나님의 형상으로 여기고 존중하는 것입니다. 그런 점에서 제6계명이 요구하는 의무는 다음과 같습니다. 첫째, 우리 자신과 다른 사람의 생명을 보존하기 위해 노력해야 합니다. 단지 살해하지 않는 데서 그치는 것이 아니라 생명을 살리기 위해 노력해야 합니다. 오바댜라는 사람이 있습니다. 성경은 그를 가리켜 "여호와를 지극히 경외하는 자"라고 표현합니다(왕상 18:4). 그가 이런 칭호를 얻은 것은 이세벨이 여호와의 선지자들을 죽이려고 할 때 목숨을 걸고 나서서 선지자들을 살렸기 때문입니다(왕상 18:4). 유엔 인권위원회 식량특별조사관이었던 장 지글러는 그의 책 『왜 세계의 절반은 굶주리는가?』에서 굶어 죽는 사람이 3초에 한 명꼴이라고 밝혔습니다. 우리는 이런 사람들을 살리기 위해 노력해야 합니다. 그것이 진정으로 제6계명을 지키는 일입니다.

둘째, 누구의 생명이든 부당하게 빼앗으려는 모든 생각과 의도를 피해야 합니다. 예수님은 분노하는 것도 살인이라고 말씀하셨습니다(마 5:22). 죽이고 싶다고 생각하는 것도 살인이라는 뜻입니다. 누군가를 미워하는 마음을 다스려야 합니다. 미워하는 마음이 쌓여 분노로 표출되지 않도록 노력해야 합니다. 하나님께 기도할 뿐 아니라 여러 가지 경건한 방법으로 마음의 분노를 해결해야 합니다.

셋째, 폭력에 적절하게 대응해야 합니다. 헤롯이 아기 예수를 죽이려 할 때, 하나님께서 요셉의 꿈에 나타나 피하라고 지시하셨습니다(마 2:13). 예수님도 제자들에게 사람들이 박해하거든 다른 마을로 피하라고 말씀하셨습니다(마 10:23). 예수님 자신도 생명이 위협받는 자리를 피하셨습니다(마 4:12). 하나님의 영광을 위한 일이 아니라면 자신을 고의로 위험에 노출시켜서는 안 됩니다.

넷째, 식사와 음료, 약 등을 적절히 섭취하고 수면과 노동, 여가 시간을 건전하게 관리해야 합니다(잠 25:16, 전 8:15, 10:17). 평소 적당한 식습관과 운동으로 건강관리를 하지 않아 결과적으로 병에 걸리거나 죽음에 이르게 된다면 자신을 대상으로 제6계명을 범한 셈입니다.

다섯째, 부드럽고 예의 바르게 말해야 합니다(벧전 3:8-11, 잠 15:1). 앞서 살펴보았듯이 예수님은 언어로 인격을 모독하는 것도 살인이라고 하셨습니다(마 5:21-22). 몸뿐 아니라 마음에 상처를 주는 것도 제6계명을 어기는 일입니다. 그러므로 그리스도인은 언어폭력을 삼가야 합니다. 무릇 더러운 말은 입 밖에도 내지 않는 것이 하나님의 뜻입니다(엡 4:29).

제6계명의 예외 규정들

하나님은 특별한 경우에 한해 제6계명의 예외 규정을 인정하셨습니다. 첫째, 정당방위입니다(출 22:2). 자신이나 타인의 생명을 지키기 위해 부당한 침해 행위에 맞서 어쩔 수 없이 살인하게 되는 경우는 제6계명을 어기는 것이 아니라고 보았습니다.

둘째, 실수에 의한 살인입니다(신 19:4-5). 하나님은 살인자에게 자기 생명으로 죗값을 치르게 하셨지만, 고의가 아닌 실수로 살인한 자들은 도피성에서 보호받도록 하셨습니다.

셋째, 국가가 사회정의를 위해 공적으로 행하는 살인입니다. 사형제도가 대표적입니다(롬 13:4). 오늘날 사형제도에 대해 찬반 논란이 많지만 극악무도한 범죄자를 극형으로 다스리는 것은 제6계명을 어기는 일이 아닙니다(출 21:14).

그러면 우리는 어떻게 살 것인가?

사람의 생명은 소중합니다. 하나님의 형상으로 창조되었기 때문입니다. 그러므로 예외적인 경우를 제외하고는 사람의 생명을 해치거나 인격을 모독해서는 안 됩니다. 더 나아가 사람을 살리고 인격을 존중하기 위해 노력해야 합니다. 그러고 보면 우리 그리스도인들이 해야 할 일이 참 많습니다. 경제적인 어려움, 질병, 장애 같은 문제들로 인해 인간으로서 마땅 누려야 할 것을 누리지 못하고 사는 이웃이 많기 때문입니다. 우리는 그런 사람들을 찾아가야 합니다. 그들을 섬겨야 합니다. 그들에게 하나님의 사랑을 전해야 합니다. 그럴 때 세상은 하나님께서 원래 의도하셨던 곳으로 한 걸음 더 나아갈 것입니다.

제7계명

성적으로 순결하게 살라!

간음하지 말라. -출애굽기 20:14

오징어를 잡는 원리는 간단합니다. 어두운 밤에 조명을 환하게 밝힌 후 낚시 바늘을 던지면 됩니다. 오징어는 주광성(走光性)이라 불빛만 보면 달려들기 때문입니다. 한 사회를 무너뜨리는 방법도 간단합니다. 성적인 타락을 부추기면 됩니다. 사람은 성적인 유혹에 쉽게 미혹되는 주성성(走性性)을 가지고 있기 때문입니다.[26] 가정은 순식간에 파괴될 것이고 사회의 근간마저 흔들릴 것입니다. 제7계명이 주어진 이유가 여기에 있습니다.

제7계명의 기본 의미

제7계명은 "간음하지 말라"는 명령입니다. 간음이란 결혼하지 않은 남녀 간, 또는 부부가 아닌 남녀 간의 성적인 관계를 뜻합니다. 그러므로 성도는 결혼제도 밖에서 성적인 관계를 가져서는 안 됩니다. 결혼을 통해 정식으로 부부가 된 남녀만 성적인 관계를 가질 수 있습니다. 그런 점에서 제7계명의 핵심은 '결혼'입니다. 결혼이 무엇인지 알아야 제7계명에 올바르게 순종할 수 있습니다.

결혼의 의미와 이유

세상 사람들은 결혼을 '사랑하는 두 사람이 함께 사는 것' 정도로 생각합니다. 그래서 동거를 결혼과 다름없이 간주하고, 사랑이 식었다는 이유로 쉽게 이혼하며, 동성 간의 결혼을 인정하기도 합니다. 하지만 성경은 전혀 다르게 말합니다.

> 아담이 돕는 배필이 없으므로 여호와 하나님이 아담을 깊이 잠들게 하시니 잠들매 그가 그 갈빗대 하나를 취하고 살로 대

신 채우시고 여호와 하나님이 아담에게서 취하신 그 갈빗대로 여자를 만드시고 그를 아담에게로 이끌어 오시니 아담이 이르되 이는 내 뼈 중의 뼈요 살 중의 살이라 이것을 남자에게서 취하였은즉 여자라 부르리라 하니라. 이러므로 남자가 부모를 떠나 그의 아내와 합하여 둘이 한 몸을 이룰지로다(창 2:20-24).

창세기 2장을 보면, 결혼이란 인간이 만든 사회적 계약이 아니라 하나님께서 친히 만드신 제도임을 알 수 있습니다. 그래서 결혼은 신성합니다. 그렇다면 하나님께서 결혼을 제정하신 이유는 무엇일까요?

하나님께서 결혼제도를 만드신 이유는 다음과 같습니다.[27] 첫째, 남편과 아내가 서로 돕도록 하기 위해서입니다(창 2:18). 돕는 배필 없이 독처하는 것은 하나님 보시기에 좋은 일이 아닙니다. 독신의 은사를 받은 경우를 제외하고는 결혼하여 부부의 연을 맺는 것이 하나님의 뜻입니다.

둘째, 하나님나라를 확장하기 위해서입니다(창 1:28). 하나님나라가 확장되기 위해서는 하나님의 백성들이 "생육하고 번성"해야 합니다. 이는 단순히 자녀를 많이 낳으라는 말이 아닙니다. 하나님의 백성으로 일컫는 이들을 통해 하나님의 뜻이 이루어져야 한다는 뜻입니다. 그러므로 결혼은 하나님의 뜻을 이루는 하나의 과정입니다.

셋째, 경건한 자손을 얻기 위해서입니다(말 2:15). 하나님은 신자의 가정을 통해 '경건한' 자손이 배출되기를 원하십니다. 그런 점에서 신자의 가정은 '하나님나라의 신병 훈련소'라고 할 수 있습니다. 평범한 민간인이 신병 훈련소에서 군인으로 변화되듯 신자의 가정은 '하나님의 군사'를 양성하는 곳이 되어야 합니다.

넷째, 부정(不貞)을 막기 위해서입니다(고전 7:2, 9). 부부의 성관계는 거룩한 접착제입니다. 성관계를 통해 부부는 한몸이 되고 세상에서 가장 친밀한 사이가 됩니다. 하나님께서 사람에게 성욕을 주신 것은 이런 이유 때문입니다. 그러므로 성욕을 아무에게나 분출해서는 안 됩니다. 미혼 상태에서 성관계를 갖거나 결혼 이후에 배우자가 아닌 다른 사람과 성관계를 가져서도 안 됩니다. 하나님의 뜻은 결혼제도 안에서, 배우자인 오직 한 사람하고만 성관계를 갖는 것입니다.

예수님의 제7계명 해석

예수님 당시의 유대인들은 실제로 간음하지 않으면 제7계명을 모두 지킨 것으로 여겼습니다. 그러나 예수님의 해석은 달랐습니다. 음욕을 품고 여자를 보는 것도 간음이라고 하셨습니다(마 5:27-28). 예수님의 이 말씀은 하나님께서 결혼제도를 만드신 이유에 근거합니다. 결혼이란 단순한 사회적 약속이 아닙니다. 개인의 필요에 따라 남녀가 함께 사는 것도 아닙니다. 결혼은 하나님께서 만드신 거룩한 제도이며 하나님의 뜻을 이루는 방편이고 하나님의 영광을 추구하는 통로입니다. 그러므로 하나님이 결혼제도를 만드신 목적과 상반되는 행위는 모두 제7계명을 어기는 일입니다.

제7계명의 의무와 금지 사항[28]

웨스트민스터 대요리문답 138문. 제7계명에서 요구하는 의무는 무엇입니까?

답: 제7계명에서 요구하는 의무는 몸, 생각, 감정, 말, 행동에 있어서 순결함이며, 우리 자신과 다른 사람들의 순결을 보존하는 것입니다. 보는 것을 비롯하여 모든 감각을 조심하고 절제하며, 순결한 교제를 유지하고, 복장을 단정하게 하는 것입니다. 금욕의 은사가 없는 이들은 결혼하고, 부부는 사랑으로 동거하며, 우리의 소명을 부지런히 수행하고, 부정의 모든 경우를 피하며 그 유혹에 저항하는 것입니다.

웨스트민스터 대요리문답 139문. 제7계명에서 금하는 죄는 무엇입니까?

답: 제7계명에서 금하는 죄는 요구된 의무를 소홀히 하는 것 외에 간통, 음행, 강간, 근

친상간, 남색과 모든 비정상적인 색욕입니다. 모든 부정한 상상, 생각, 의도와 감정이며, 모든 부패하고 추잡한 대화, 또는 거기에 귀 기울이는 것과 음탕한 눈길, 뻔뻔스럽고 경박한 행동, 단정하지 못한 복장입니다. 합법적 결혼을 금하고, 불법적 결혼을 시행하는 것이며, 매춘가를 허락하고 용납하고 보존하고 방문하는 것입니다. 독신에 얽매이게 하는 서약과 결혼을 지나치게 미루는 것이며, 동시에 두 사람 이상의 아내나 남편을 두는 것입니다. 부당한 이혼이나 버림이며, 게으름, 탐식, 술 취함, 부정한 교제, 음탕한 노래와 서적과 그림과 춤과 연극, 기타 우리 자신이나 다른 사람들 안에 부정을 자극하거나 행하는 모든 것들입니다.

제7계명의 의무와 금지 사항은 다음과 같습니다. 첫째, 순결을 보존하기 위해 노력해야 합니다(살전 4:4). 하나님께서 결혼 제도를 만드신 뜻을 따라 모든 관계에서 순결해야 합니다. 부패하고 추잡한 대화에 귀 기울이거나 참여해서는 안 됩니다. 윤락가를 기웃거리거나 배우자 외의 이성과 교제하지 말아야 합니다.

둘째, 음란의 죄를 짓지 않도록 눈을 비롯한 모든 감각을 조심해야 합니다(욥 31:1). 음란한 영상을 찾지 않고 이성에게 음탕한 눈길을 보내지 않으며 이성과의 불필요한 접촉도 되도록 피해야 합니다.

셋째, 순결한 교제를 유지하기 위해 노력해야 합니다(잠 2:16-20). 그리스도인에게 이성 교제는 외로움을 달래는 수단이 아니라 하나님의 뜻을 이루는 과정입니다.

넷째, 복장을 단정히 해야 합니다(딤전 2:9). 특히 주일에 최

대한 단정한 옷을 입어야 합니다. 이는 하나님께 예배 드리러 가는 태도를 반영합니다. 또한 혹여 다른 사람이 예배하는 데 방해가 되지 않게 하기 위함입니다.

다섯째, 결혼한 사람들은 부부관계를 유지하기 위해 노력해야 합니다(벧전 3:7). 부부 간에 성관계의 의무를 다해야 하고 이유 없이 각방을 쓰지 말아야 합니다. 아내는 남편을 존중하고, 남편은 집안일과 육아에 동참해야 합니다. 부당하게 이혼하거나 배우자를 버려서는 안 됩니다. 게으르거나 술 취함으로 가정을 위기에 빠뜨려서도 안 됩니다.

그러면 우리는 어떻게 살 것인가?

하나님은 결혼제도를 통해 자기 백성의 순결을 지키시고 거룩한 군사를 양성하십니다. 성도의 가정은 하나님나라를 세우는 중추적 기관입니다. 그런 점에서 사탄이 결혼제도를 무력화하고 성도의 가정을 무너뜨리려 하는 것은 결코 이상한 일이 아닙니다.

우리는 선택해야 합니다. 사탄의 음성을 따라 음란하게 살며 하나님나라를 훼방할 것인지, 하나님의 뜻을 따라 순결하게 살며 하나님나라를 세울 것인지를 말입니다. 한 사람이 순결한 마음을 품을 때 가정이 순결하게 변합니다. 가정이 순결하게 변할 때 교회 역시 순결한 공동체가 됩니다. 그리고 교회가 순결해져야 이 사회에 미래가 있습니다. 경제와 복지의 발전이 우리의 미래를 보장해 주지 않습니다. 멸망 직전의 소돔과 고모라처럼 성적으로 타락한 지금의 상황을 타개하지 않는다면, 이 나라의 미래를 긍정적으로 전망하기 어렵습니다.

그러므로 나부터 순결하게 살아야 합니다. 결혼제도의 신성함을 믿고, 결혼으로 함께 가정을 이룬 배우자를 소중히 여기며 하나님나라를 세우기 위해 노력해야 합니다.

제8계명

이웃의 소유물을 보호하라!

도둑질하지 말라. -출애굽기 20:15

만약 도둑질이 합법화 된다면 이 사회가 어떻게 될까요? 사람들은 땀 흘려 일하는 대신 기회를 노려 다른 사람의 재산과 소유를 빼앗으려 할 것입니다. 그런 세상에서는 성실할수록 어리석다는 평가만 받을 것입니다. 아무리 열심히 일해도 금방 누군가에게 빼앗길 테니까요. 그런 점에서 도둑질을 엄하게 처벌하는 세상에서 사는 것은 큰 은혜입니다. 그것은 곧 내가 흘린 땀의 가치를 인정받는다는 뜻이기 때문입니다. 이처럼 제8계명은 단순히 도둑질만 금하는 계명이 아닙니다.

이 세상은 큰 것을 훔치는 일에서 작은 것을 훔치는 일까지 수많은 도둑질로 가득합니다. 마르틴 루터는 "이 세상에 있는 도둑을 모두 교수형에 처한다면 아무도 남지 않을 것"이라고 말하기도 했습니다. 그만큼 도둑질은 자주, 그리고 광범위하게 일어나는 범죄입니다.

내 것이 아니더라도 이웃에게 있는 재산을 소중히 여길 줄 알아야 합니다. 그것은 하나님께서 각 사람에게 허락하신 것들입니다. 내가 수고하여 모은 재산도 하나님께서 허락하신 것들입니다. 내게는 없지만 이웃에게 있는 소유물을 소중히 여기는 것은, 우리에게 소유를 허락하신 하나님을 존중하는 일입니다. 또한 사회 제도가 정상적으로 운영되기 위해 반드시 지켜야 하는 계명입니다.

특별히 제8계명에는 '청지기 정신'이라는 원리가 깔려 있습니다. 청지기 정신이란 세상 모든 것의 소유주는 하나님이시며(시 24:1), 우리는 하나님의 것을 잠시 위탁받은 청지기에 불과하다는 생각입니다(욥 1:21). 그러므로 제8계명을 바르게 지키기 위해서는 다른 사람의 재산에 피해를 주지 않을 뿐 아니라, 하나님께서 우리에게 잠시 맡겨 두신 것을 그분의 뜻대로 사용하는 데까지 나아가야 합니다.

제8계명이 요구하는 의무[29]

웨스트민스터 대요리문답 141문. 제8계명에서 요구하는 의무는 무엇입니까?

답: 제8계명에서 요구하는 의무는 사람과 사람 사이의 계약과 상거래에 있어서 진실과 신실함과 공정함입니다. 모든 이에게 각자의 몫을 주며, 불법으로 가로챈 타인의 재물을 원 소유자에게 배상하는 것입니다. 우리의 능력과 다른 사람들의 필요에 따라 아낌없이 내어주며, 빌려 주는 것입니다. 이 세상 재물에 대한 우리의 가치판단과 소원과 애착을 절제하며, 우리 본성의 유지에 필요하고 편리하며 우리의 상태에 적합한 것을 획득하고 보존하고 사용하며 처리하는 것에 대해 신중하게 생각하고 연구하는 것입니다. 정당한 직업과 그것에 근면하며 검소하고, 불필요한 법정 소송과 보증, 그 외에 채무 같은 것을 피함입니다. 우리 자신뿐 아니라 다른 사람들의 부와 재산을 획득하고 보존하며 증진하기 위해 모든 정당하고 합법적인 수단을 동원하여 노력하는 것입니다.

제8계명이 요구하는 의무는 다음과 같습니다. 첫째, 계약과 거래를 정직하고 공정하게 해야 합니다(슥 8:17). 불공정한 계약과 거래로 다른 사람의 소유물에 손해를 끼치는 것은 하나님의 뜻을 어기는 일입니다. 예를 들어 실제로는 양이 적은데도 많이 들어 있는 것처럼 상품을 과대포장하거나, 제품이 좋지 않은데도 좋은 것처럼 과대광고하는 것은 부정직하고 불공정한 일로서 제8계명을 어기는 일입니다.

둘째, 세금을 성실하게 납부해야 합니다. 하나님께서 국가에 조세권을 주셨으므로(롬 13:7) 세금을 내지 않는 것은 국가의 것을 도둑질하는 일입니다.

셋째, 우리의 소유를 다른 사람을 돕는 일에 사용해야 합니다. 예수님은 어려운 사람을 돕고 섬기는 것이 하나님께서 우리에게 재산과 물질을 주신 이유라고 말씀하십니다(눅 6:30). 자신의 소유를 사사로운 일에만 사용하는 것은 청지기 정신을 어기는 일입니다. 최선을 다해 어려운 사람들을 돕는다면 하나님께서 우리에게 복을 주실 것입니다(눅 6:38).

넷째, 이 세상 것에 대한 과도한 애착을 절제해야 합니다. 하나님께서 지금 내게 주신 것에 만족하지 못하고 더 많은 것을 가지려는 욕망에서 도둑질이 시작됩니다(딤전 6:9).

다섯째, 정당한 직업을 가지고 근면하게 일해야 합니다(살전 4:11). 땀 흘려 일하지 않고 편하게 소득을 얻으려는 마음에서 도둑질이 시작됩니다. 성실하게 자기 일을 하는 것은 제8계명을 적극적으로 지키는 일입니다.

여섯째, 불필요한 보증과 채무를 피해야 합니다(잠 11:15). 불필요한 보증과 채무는 재산상의 손해를 가져올 수 있고, 그럴 때 제8계명을 어기고 싶은 유혹에 쉽게 노출될 수 있기 때문입니다.

제8계명이 금하는 죄[30]

웨스트민스터 대요리문답 142문. 제8계명에서 금하는 죄는 무엇입니까?

답: 제8계명에서 금하는 죄는 요구된 의무를 소홀히 하는 것 외에 도둑질, 강도, 납치, 장물 취득, 사기 거래, 저울과 치수를 속이는 것, 지계표를 옮기는 것, 사람들 사이에 맺은 계약이나 신탁에서의 부정과 불성실함입니다. 억압, 강탈, 고리대금, 뇌물, 쓸데없는 소송, 부당하게 공유지를 사유화하는 것과 사람들을 추방하는 것입니다. 물건값을 올리기 위한 사재기, 불법적인 직업, 우리 이웃에게 속한 것을 빼앗거나 억류하거나 우리 자신을 부유하게 하는 다른 모든 부당하고 악한 행위들입니다. 탐욕, 세상 재물을 지나치게 소중히 여기고 애착을 갖는 것, 세상 재물을 얻고 유지하고 사용하는 일에서 많이 의심하고 산란한 마음으로 걱정하며 수고하는 것, 다른 사람들의 번영을 시기하는 것입니다. 마찬가지로 게으름, 방탕, 낭비성 게임이며, 우리의 재산에 손해를 끼쳐 하나님께서 우리에게 주신 그 재산을 적절히 사용하여 그로부터 위로를 누리는 일을 가로막는 기타의 모든 행위들입니다.

제8계명이 금하는 죄는 다음과 같습니다. 첫째, 도둑질, 강도, 인신매매, 장물 취득, 사기, 수량 속이는 일을 금합니다(엡 4:28). 이것은 하나님께서 각 사람에게 주신 소유에 손해를 끼치는 일로서 제8계명을 직접적으로 어기는 일입니다.

둘째, 고리대금을 금합니다(시 15:5). 이자를 전혀 받지 말라는 것이 아니라 이웃의 어려운 처지를 이용하여 감당하기 힘든 이자를 요구하지 말라는 뜻입니다. 그것은 다른 사람의 소유에 손해를 끼칠 뿐 아니라 가난한 사람들을 더 어렵게 만들어 그들로 하여금 제8계명을 어기게 만들 수 있습니다.

셋째, 뇌물을 금합니다(욥 15:34). 뇌물은 정당한 상거래 질서를 훼손하여 다른 사람의 소유에 손해를 끼칠 수 있습니다.

넷째, 물건 값을 올리려는 사재기를 금합니다(잠 11:26). 사재기는 사회 전체에 손해를 끼치는 행위입니다. 그리스도인은 사사로운 이익 때문에 이웃과 사회에 손해를 끼쳐서는 안 됩니다.

다섯째, 불법적인 직업 갖는 일을 금합니다. 도둑질하지 말라는 말은, 달리 표현하면 정당하게 소유를 모으라는 뜻입니다. 그리스도인은 쉽게 돈을 벌기 위해 불법을 저질러서는 안 됩니다.

여섯째, 기독교 신앙에 반하는 직업 갖는 일을 금합니다. 사도행전 19장에 데메드리오라는 사람이 등장합니다. 그는 우상의 형상을 제작하여 큰돈을 벌었지만 그의 인생이 바르다고 할 수는 없습니다. 그리스도인은 돈 때문에 신앙을 거스르는 직업에 종사해서는 안 됩니다.

일곱째, 게으름, 방탕, 낭비성 게임 등을 금합니다(살후 3:11-12). 이런 일은 다른 사람이 아니라 자기 자신의 재산에 손해를 끼칩니다. 하나님께서 주신 재산을 함부로 사용하는 것 역시 제8계명을 어기는 일입니다.

제8계명과 예배[31]

우리는 예배를 드릴 때에도 제8계명을 지켜야 합니다. 헌금을 정직하게 하지 않은 것은 하나님의 것을 도둑질하는 일입니다. 성경은 이렇게 말합니다. "사람이 어찌 하나님의 것을 도둑질하겠느냐. 그러나 너희는 나의 것을 도둑질하고도 말하기를 우리가 어떻게 주의 것을 도둑질하였나이까 하는도다 이는 곧 십일조와 봉헌물이라"(말 3:8).

헌금은 우리의 청지기 정신을 표현하는 중요한 방편이기도 합니다. 하나님은 궁핍하여 우리의 헌금이 필요하신 분이 아닙니다. 그럼에도 헌금하는 것은 우리의 모든 소유물이 전적으로 하나님께서 허락하신 그분의 것이라는 신앙고백입니다.

그러면 우리는 어떻게 살 것인가?

우리는 도둑질하지 말아야 합니다. 다른 사람의 소유물에 피해를 주지 말아야 하며, 어려운 이웃에게 자기 소유를 나눠주기를 아까워하지 말아야 합니다. 모든 거래를 정직하고 공정하게 하고, 세금은 성실하게 납부하며, 정당한 직업을 가지고 땀 흘리며 성실하게 일해야 합니다.

이것은 쉬운 일이 아닙니다. 자본주의 사회에서 물질, 특히 돈은 우리 마음을 하나님으로부터 돌이켜 세워 돈을 추구하게 만드는 힘이 있습니다. 하나님께 헌신해야 할 사람들을 사탄의 종으로 만드는 힘이 있습니다.

그래서 우리는 기도해야 합니다. 돈의 노예가 되지 않기 위해 기도해야 합니다. 돈 때문에 하나님의 뜻을 어기고 이웃에게 피해를 주지 않기 위해 기도해야 합니다. 더 나아가 지금 가진 것에 만족하고 검소하게 살 수 있는 마음을 달라고 기도해야 합니다. 그렇게 할 때 우리의 삶은 불법과 속임수가 만연한 세상 속에서도 평온하게 하나님의 영광을 드러내는 빛과 소금이 될 것입니다.

제9계명

이웃의 명예를 지켜 주라!

네 이웃에 대하여 거짓 증거하지 말라. -출애굽기 20:16

누구에게나 소중한 것이 있습니다. 돈이나 귀금속, 집, 차 같은 유형의 것은 그 가치를 금세 확인할 수 있지만, 무형의 것은 잃어버리기 전까진 그 소중함을 잘 알지 못할 수 있습니다. 명예가 그렇습니다. 명예는 대단한 사람들만 가진 것이 아닙니다. 누구나 저마다의 명예가 있습니다. 그래서 명예가 올라가면 기뻐하고 훼손되면 슬퍼합니다. 우리는 상대방의 재산을 존중하듯 명예를 지켜 주는 방식으로 이웃을 사랑해야 합니다. 하지만 우리는 살면서 너무나 쉽게 이웃의 명예를 훼손할 때가 있습니다. 바로 거짓말을 통해서 말입니다.

제9계명의 기본 의미

우리는 "진짜?" 또는 "정말?"이라는 말을 자주 사용합니다. 매사에 사실을 확인해야 할 만큼 이 세상이 거짓으로 가득하기 때문입니다. 미국의 캘리포니아대학교에서 조사한 바에 따르면, 일반인은 하루에 약 200번 정도의 거짓말을 하고, 상인이나 정치인처럼 사회적 접촉이 많은 사람들은 더 자주 거짓말을 한다고 합니다.[32]

이처럼 우리 가운데 거짓이 만연한 이유는 거짓의 아비인 사탄 때문입니다(요 8:44). 성경은 사탄을 속이는 자로 묘사합니다(계 12:9). 아담과 하와를 속인 자도 사탄입니다. 사탄은 "이 세상의 신"이자 "임금"으로 불릴 만큼 사람들에게 강력한 영향력을 행사합니다(고후 4:4, 요 14:30). 그 결과 사람들은 알게 모르게 사탄의 영향을 받으며 사탄을 닮아 갑니다. 거짓은 사탄이 자신의 왕국을 확장하는 무기입니다.

이와 반대로 하나님은 진실하십니다(시 31:5). 하나님은 거짓말을 하실 수 없습니다(딛 1:2). 이것이 그리스도인이 진실한 사람이 되어야 하는 이유입니다. 그리스도인은 진실만을 말함으로써 자신이 하나님께 속해 있음을 나타내야 합니다. 우리 그리스도인마저 거짓을 말한다면, 세상은 우리가 증거하는 진리의 말씀도 의심의 눈초리로 바라볼 것입니다. 그러므로 하나님의 영광을 위해 우리는 항상 진실만을 말해야 합니다.

제9계명이 요구하는 의무[33]

웨스트민스터 대요리문답 144문. 제9계명에서 요구하는 의무는 무엇입니까?

답: 제9계명에서 요구하는 의무는 사람과 사람 사이의 진실과 우리 자신과 우리 이웃의 명예를 보존하고 증진하는 것입니다. 진리를 위해 나서서 옹호하며, 재판과 정의에 있어서나 다른 어떠한 일에 있어서라도 진심으로 성실하게, 자유롭게, 명백하게, 그리고 온전하게 오직 진실만을 말하는 것입니다. 우리 이웃을 자비롭게 평가하고, 그들의 명예를 사랑하고 바라고 기뻐하며, 그들의 연약함을 슬퍼하고 덮어 주며, 그들의 재능과 장점을 기꺼이 인정하는 것입니다. 그들의 결백을 변호하고, 그들에 관한 좋은 소문을 기꺼이 받아들이되 나쁜 소문은 받아들이기를 원하지 않으며, 험담하는 자들과 아첨하는 자들과 비방하는 자들을 저지하는 것입니다. 우리 자신의 좋은 평판을 사랑하고 보호하며 필요할 때는 이를 변호하며, 정당한 약속을 지키고, 어떤 것이든지 참되고 정직하며 사랑스럽고, 좋은 평판이 있는 것을 배우고 실천하는 것입니다.

제9계명이 요구하는 의무는 다음과 같습니다. 첫째, 사람과 사람 사이에서 진실만을 말해야 합니다(슥 8:16). 양쪽의 주장이 달라 갈등이 일어날 때, 힘 있는 자의 편이 아니라 진실의 편에 서야 합니다. 무엇이 자신에게 이익이 되는지를 생각할 게 아니라 무엇이 진실인지를 생각해야 합니다.

둘째, 우리와 이웃의 명예를 지키고 증진해야 합니다(요삼 1:12). 거짓말로 이웃의 명예를 훼손해서는 안 되며, 혹여 이웃의 명예를 깎아내리는 대화가 오가는 자리를 피해야 합니다.

셋째, 법정에서 증언할 때는 아무리 손해를 보더라도 진실만을 말해야 합니다(잠 14:5). 제9계명에서 '증거하다'로 번역된 히브리어 '에드'는 법정에서 하는 증언을 뜻합니다. 법정에서 하는 거짓말은 일상의 거짓말보다 심각한 결과를 초래합니다. 그리스도인은 언제 어디서든 진실을 말해야 하지만, 특별히 법정에서는 더욱 신중하고 명백하게 진실을 말해야 합니다.

넷째, 이웃의 연약함을 슬퍼하고 덮어 줄 수 있어야 합니다(잠 17:9). 누군가의 약점을 알게 되었을 때, 사실을 말한다는 이유로 떠벌리는 것은 제9계명을 바르게 지키는 일이 아닙니다. 십계명은 애초에 하나님과 이웃을 사랑하는 방법이기에 사랑의 목적으로 이 계명에 순종해야 합니다.

다섯째, 이웃의 재능과 장점을 인정해 줘야 합니다(고전 1:4-7). "이웃집 곳간이 차면 배가 아프다"는 속담에서도 보듯이, 타락한 인간에게는 이웃의 재능과 장점을 시기하는 본성이 있습니다. 그리스도인은 거짓말로 이웃의 재능과 장점을 깎아내리지 않고, 그들의 명성을 인정하며 함께 기뻐할 줄 알아야 합니다.

여섯째, 이웃의 결백을 변호해 줘야 합니다(삼상 22:14). 이웃이 무고한 오해나 비방을 당하고 있을 때 나의 안위를 위해 침묵해서는 안 됩니다. 특히 악한 동기로 이웃을 음해하는 사람을 보았을 때는 적극적으로 이웃의 결백을 변호해 줘야 합니다.

일곱째, 좋은 소문은 기꺼이 받아들이되 나쁜 소문은 신중하게 가려서 들어야 합니다(시 15:5). 타락한 인간은 험담을 좋아하는 본성이 있습니다(잠 18:8). 그리스도인은 그 자리에 없는 사람에 대해서는 되도록 말하지 말아야 합니다. 어쩔 수 없이 이야기하게 되었을 때는 좋은 소식은 기쁜 마음으로, 나쁜 소식은 신중하게 받아들여야 합니다. 내 눈으로 확인하지 않았거나 사실 여부가 분명하지 않은 내용을 그대로 받아들여서는 안 됩니다.

여덟째, 험담하는 자와 아첨하는 자와 비방하는 자를 저지해야 합니다(시 101:5). 아첨하는 말은 당장에는 듣기 좋을지라도 우리의 정상적인 판단을 방해합니다. 내 귀에 듣기 좋다고 해서 거짓말을 용납하면 안 됩니다.

아홉째, 명예를 지키는 말과 행동을 해야 합니다(잠 22:1). 거짓말로 다른 사람의 명예를 훼손해서는 안 되는 것처럼, 다른 사람들이 나의 명예를 훼손하도록 내버려 둬서도 안 됩니다. 나아가 나 자신도 명예를 소중히 여기는 말과 행동을 해야 합니다. 사사로운 이익 때문에 좋은 평판을 잃어버려서는 안 됩니다. 특히 모든 그리스도인에게는 하나님의 이름이 걸려 있습니다. 우리가 좋은 평판을 잃는 것은 단순히 개인의 문제가 아니라 하나님나라에 해가 되는 일입니다.

열째, 약속을 지켜야 합니다(시 15:4). 약속을 어기는 일도 거짓말에 속합니다. 불법적인 일이 아니라면 약속한 일은 반드시 지켜야 합니다.

제9계명이 금하는 죄[34]

웨스트민스터 대요리문답 145문. 제9계명에서 금하는 죄는 무엇입니까?

답 : 제9계명에서 금하는 죄는 특별히 공적 재판에서 진실을 왜곡하고 우리 자신과 이웃의 명예를 해치는 모든 일입니다. 거짓 증거를 제공하며, 거짓 증인을 매수하고, 진실을 알면서도 악인을 변호하며, 진실을 대적하고 억압하는 것입니다. 불의한 판결을 내리고, 악을 선하다 하며 선을 악하다 하고, 악인에게 보상하기를 의인에게 하듯 하며, 의인에게 보상하기를 악인에게 하듯이 하는 것입니다. 위조, 진실 은폐, 공의로운 소송에서 부당하게 침묵하는 것, 불법에 대해 책망하고 다른 이들에게 항의해야 할 때 잠자코 있는 것입니다. 때에 맞지 않게 진실을 말하거나 그릇된 목적으로 악의적으로 말하거나, 진리를 왜곡하여 그릇된 의미로 만들거나, 의심스럽고 애매한 표현으로 진실과 공의를 손상시키는 것입니다. 비진리를 말하며 거짓말하고, 비방하며 험담하고 훼방하며, 나쁜 소문을 퍼뜨리고 수군거리며 비웃고 욕하며, 경솔하고 가혹하며 편파

적으로 비난하는 것입니다. 의도와 말과 행동을 오해하는 것이며, 아첨과 헛된 자랑, 우리 자신이나 남들을 지나치게 높게 혹은 낮게 생각하고 말하는 것입니다. 하나님께서 주신 재능과 장점을 부인하고, 적은 과실을 더욱 악화시키고, 자유롭게 고백하도록 요청받았을 때 죄를 숨기고 변명하고 경감하는 것입니다. 약점을 쓸데없이 찾아내며 헛소문을 퍼뜨리고, 악한 소문을 받아들이고 지지하며 공정한 변호에 귀를 막는 것입니다. 악하게 의심을 품는 것이며, 마땅히 받을 만한 자격이 있는 자에게 돌아가는 명예에 대해 시기하며 배 아파하고, 그것을 손상시키려고 애쓰거나 갈망하며, 그들의 불명예와 오명을 기뻐하는 것입니다. 조소하듯이 멸시하는 것, 맹신적으로 존경하는 것, 정당한 약속을 위반하는 것입니다. 명예를 얻는 일에는 소홀하고, 불명예를 초래하는 일은 행하고 스스로 피하지 않을뿐더러 다른 사람들이 못하도록 능히 할 수 있음에도 불구하고 막지 않는 것입니다.

제9계명이 금하는 죄는 다음과 같습니다. 첫째, 공적인 재판에서 거짓말하는 일을 금합니다(레 19:15). 법정에서 거짓말하는 것은 한 개인의 명예와 재산에 엄청난 손해를 끼치는 일입니다. 그리스도인 재판관은 정당한 판결을 내려야 하고, 그리스도인 증인은 사실만을 말해야 합니다.

둘째, 고의로 거짓말하는 자들을 변호하는 일을 금합니다(시 52:1-5). 정의로운 하나님은 악한 자들이 정당한 처벌을 받기를 원하십니다. 아무리 이익이 된다고 해도 거짓말하는 악한 자들을 변호해서는 안 됩니다.

셋째, 악을 선하다 하고 선을 악하다 하는 일을 금합니다. 하나님은 뇌물을 받고 악한 자를 의롭다고 판결한 자들에게 진노하셨습니다(사 5:23). "유전무죄 무전유죄"라는 말이 있습니다. 같은 죄를 지어도 돈이 있으면 무죄, 없으면 유죄 판결이 난다는 뜻입니다. 특히 법과 관련된 일을 하는 그리스도인들은 이런 불의한 일이 일어나지 않도록 노력해야 합니다.

넷째, 위조하는 일을 금합니다(눅 19:8). 위조란 남을 속이기 위해 물건이나 문서를 진짜와 비슷하게 만든 것으로서 무언의 거짓말입니다. 그리스도인은 이른바 '짝퉁'이라고 부르는 위조 제품도 구입해서는 안 됩니다.

다섯째, 공의로운 소송에서 부당하게 침묵하는 일을 금합니다. 거짓을 말하지 말라는 것은 달리 표현하자면 진실만을 말하라는 뜻입니다. 하나님은 자기안위를 위해 부당한 일 앞에서 침묵하는 자들을 미워하십니다(레 5:1).

여섯째, 진실이라 할지라도 때에 맞지 않게 악의적인 목적으로 말하는 것을 금합니다(시 52:4-5). 아무리 사실이더라도 갈등을 조장할 수 있는 내용이라면 침묵하는 편이 낫습니다. 다른 사람을 악의적으로 공격하기 위한 것이라면 사실을 말한다 해도 제9계명을 어기는 일입니다.

일곱째, 아첨을 금합니다(롬 16:18). 아첨은 격려와 다릅니다. 선한 목적으로 상대방을 칭찬하고 힘을 북돋아 주는 것은 격려입니다. 하지만 내게 돌아올 사사로운 이익을 위해 상대를 높이고 사실을 과장하는 것은 제9계명을 어기는 일입니다.

여덟째, 자기자랑을 금합니다. 성경은 자기자랑을 말세의 징조로 설명합니다(딤후 3:2). 설령 사실을 말한다 해도 자신을 드러내는 목적이 선하지 않다면 제9계명을 어기는 것입니다. .

제9계명과 예배

예배와 관련하여 제9계명을 가장 엄숙하게 지켜야 할 사람은 목사입니다. 목사는 예배 시간에 진실만을 말해야 합니다. 성경적인 내용만 말해야 합니다. 성도의 반응을 이끌어 내기 위해 거짓을 말하거나 자신의 경험을 과장해서는 안 됩니다.

성도들도 예배 시간에 제9계명을 지켜야 합니다. 목사의 설교를 듣고 "아멘"으로 화답한 후 말씀대로 살지 않는 것은 제9계명을 어기는 일입니다. 세례식 때 신실하게 살기로 서약하고 나서 그대로 살지 않는다면 하나님께 거짓말을 한 것이고 제9계명을 어긴 것입니다.

그러면 우리는 어떻게 살 것인가?

거짓말은 누구나 쉽게 저지를 수 있는 죄입니다. 훈련을 받거나 애써 노력해야 할 수 있는 일이 아닙니다. 거짓말은 아이들도 쉽게 할 수 있으며 무의식적으로 튀어나오기도 합니다. 그래선지 세상은 거짓말로 가득합니다.

누구나 쉽게 할 수 있는 거짓말이지만 그것이 남긴 상처는 작지 않습니다. 때로는 마음에 새겨진 상처가 몸에 난 상처보다 더 아프기도 합니다. 거짓 소문을 잠재우고 훼손된 명예를 회복하는 것은 하늘의 별 따기만큼이나 어렵습니다.

그러므로 애초에 거짓말을 하지 말아야 합니다. 다른 사람의 명예를 훼손하는 말을 하지 말아야 합니다. 대신에 거짓을 멀리하고 진실을 사랑함으로써 세상에 빛과 소금이 되어야 합니다. 거짓이 가득한 세상 속에 진리가 가득한 하나님나라를 세워야 합니다. 아첨하는 사람이 더 성공하는 현실 속에서도 끝까지 정직을 추구해야 합니다. 세상에 거짓이 가득할수록 성도의 진실한 말은 더욱 빛을 발할 것입니다.

제10계명

지금 가진 것에 만족하라!

네 이웃의 집을 탐내지 말라. -출애굽기 20:17

제게는 수많은 욕구가 있습니다. 대표적인 것이 좋은 목사가 되고자 하는 욕구, 건강한 교회를 세우고자 하는 욕구입니다. 이런 욕구는 하나님께서 주신 선물입니다. 그런가 하면 우리를 망하게 만드는 욕구도 있습니다. 그런 욕구를 탐욕이라고 합니다.[35] 탐욕은 나 자신을 미워하고, 이웃을 시기하며, 하나님을 원망하게 만듭니다. 탐욕을 다스리지 않고서는 정상적인 신앙생활을 할 수 없습니다. 이것이 하나님께서 제10계명을 주신 이유입니다.

제10계명의 기본 의미

제10계명은 "네 이웃의 집을 탐내지 말라. 네 이웃의 아내나 그의 남종이나 그의 여종이나 그의 소나 그의 나귀나 무릇 네 이웃의 소유를 탐내지 말라"입니다. 그렇다면 여기서 언급하는 않은 건 탐내도 되는 걸까요? 그렇지 않습니다. 제10계명에서 "무릇"이라고 번역된 히브리어 '콜'은 '전체' 또는 '모두'라는 의미입니다. 영어성경 NIV는 이를 "이웃에게 속한 것은 어떤 것(anything)이든 탐내지 말라"로 번역하고 있습니다. 다시 말해 제10계명은 무엇에든 탐욕을 품지 말라는 뜻입니다.

"탐내지 말라!"는 명령을 긍정형으로 바꾸면 "자족하라!"입니다. 자족이란 지금 내가 가진 것에 만족하는 마음입니다. 제10계명을 온전히 지키기 위해서는 다른 사람의 것을 탐내지 않는 정도를 넘어 지금 내가 가진 것에 만족하는 수준까지 나아가야 합니다.

제10계명은 십계명 전체의 결론이다

우리말 성경에 '탐하다'로 번역된 히브리어 '하마드'는 어떤 대상을 향한 강한 욕망과 욕심을 의미합니다. 욕망과 욕심은 마음에서 일어나는 일입니다. 그러므로 제10계명은 마음의 자세에 대한 계명입니다. 이것이 십계명의 마지막에 위치한 중요한 이유입니다. 타락한 마음에서 모든 죄가 시작됩니다. 예를 들어, 하나님보다 자신을 사랑하는 마음이 제1계명을 어기게 만듭니다. 주일에도 돈을 벌고 싶은 마음이 제4계명을 어기게 만듭니다. 음란한 마음이 제7계명을 어기게 만듭니다. 필요 이상으로 물질을 탐하는 마음이 제8계명을 어기게 만듭니다. 따라서 제10계명은 다른 모든 계명을 어기지 않는 근거로서 십계명의 결론이라고 할 수 있습니다.

제10계명이 요구하는 의무[36]

웨스트민스터 대요리문답 147문. 제10계명에서 요구하는 의무는 무엇입니까?

답: 제10계명에서 요구하는 의무는 우리 자신의 형편에 온전히 만족하고 이웃에 대해 우호적인 마음의 자세를 가지되, 우리 내면의 모든 움직임과 애정이 이웃을 감동시킬 만큼 그가 가진 모든 재산을 돌보고 증진시키는 것입니다.

제10계명이 요구하는 의무는 다음과 같습니다. 첫째, 우리 자신의 형편에 온전히 만족해야 합니다. "우리가 먹을 것과 입을 것이 있은즉 족한 줄로 알 것이니라"(딤전 6:8)는 말씀처럼 지금 가진 것에 만족할 줄 알아야 합니다. 하나님은 '욕망'이 아니라 '필요'를 채워 주시는 분입니다.

어떻게 하면 지금 가진 것에 만족할 수 있을까요? 하나님을 신뢰하는 마음을 가질 때 가능합니다. 성경은 이렇게 말합니다. "돈을 사랑하지 말고 있는 바를 족한 줄로 알라. 그가 친히 말씀하시기를 내가 결코 너희를 버리지 아니하고 너희를 떠나지 아니하리라 하셨느니라"(히 13:5). 성경은 하나님께서 우리를 버리거나 떠나지 않으실 것이므로 지금 가진 것에 만족하라고 말합니다. 하나님께서 우리를 돌보신다는 것을 아는 사람은 이웃의 소유에 탐욕을 품지 않고 자기가 지금 가진 것에 만족할 수 있습니다.

둘째, 이웃의 소유를 지켜 줘야 합니다(고전 13:4-7). 이웃의 소유를 탐내지 않는 것은 제10계명을 소극적으로 지키는 것에 불과합니다. 이웃에게 호의를 품고 그들의 재산을 소중하게 여김으로써 제10계명을 적극적으로 지키는 데까지 나아가야 합니다. 예를 들어, 나와 처지가 비슷하고 잘 알고 지내던 이웃이 어느 날 갑자기 대단한 명성을 갖게 된다면 마음이 어떨 것 같나요? 그런 경우 그가 잘된 것을 시기할 것이 아니라 인정하고 진심으로 축하해 줘야 합니다.

제10계명이 금하는 죄[37]

웨스트민스터 대요리문답 148문. 제10계명에서 금하는 죄는 무엇입니까?

답: 제10계명에서 금하는 죄는 우리 자신의 재산에 만족하지 못하며, 이웃의 재물에 대해 시샘하고 배 아파할 뿐 아니라, 이웃이 가진 어떤 소유에 대해 과도하게 끌리고 애착하는 모든 것입니다.

제10계명이 금하는 죄는 다음과 같습니다. 첫째, 자신의 소유에 만족하지 않는 일을 금합니다. 지금 가진 것에 만족하지 않을 때 탐심이 생겨납니다. 하나님 한 분만으로 만족할 줄 아는 것이 제10계명의 근본입니다. 우리 마음속에 '그것만 있으면 내가 더 행복할 텐데!'라는 불만이 있다면 제10계명을 어기고 있는 것입니다.

둘째, 이웃의 소유를 시샘하고 배 아파하는 일을 금합니다. 지금 가진 것에 만족하지 않을 때 이웃의 소유가 눈에 들어오기 시작합니다. 계속 생각납니다. 나보다 더 많이 가진 사람이 원망스러워지기도 합니다. 우리 마음속에 누군가의 외모와 재산과 명성에 대한 부러움이 있다면 제10계명을 어기고 있는 것입니다.

그러면 우리는 어떻게 살 것인가?

우리는 만족하며 살아야 합니다. 이웃의 소유에 탐심을 품지 말아야 합니다. 사실 쉬운 일은 아닙니다. 쉽지 않은 정도가 아니라 거의 불가능에 가깝습니다. 만족하는 것과 탐심을 품지 않는 것은 마음에 관한 문제이기 때문입니다. 행동을 제어하는 것은 어느 정도 가능합니다. 노력 여하에 따라 성공할 수도 있습니다. 그러나 마음을 제어하기란 몹시 어렵습니다. 불평하거나 시기하는 마음은 타락한 인간의 본성입니다.

그런 점에서 제10계명은 예수님의 그림자입니다. 제10계명은 우리가 율법을 온전히 지킬 수 없음과, 율법으로는 구원에 이를 수 없음을 명백히 보여 줍니다. 십계명 전체는 우리를 예수님께로 인도하는 징검다리일 뿐입니다. 십계명을 배울수록, 십계명대로 살려고 애쓸수록 우리는 자신의 한계와 연약함을 마주하게 됩니다. 그러니 결국 율법이 아니라 예수님을 바라보지 않을 수 없습니다. 그리스도만을 믿고 의지하게 됩니다.

닫는 글

십계명을 지켜야 하는 이유는 하나님께서 그것을 원하시기 때문입니다. 왜 원하실까요? 그것이 우리에게 유익하기 때문입니다. 칼뱅은 율법의 기능을 세 가지로 분류합니다.

첫째, 정죄의 기능입니다.[38] 모든 사람은 자기사랑에 눈이 멀어 자신의 무력함과 부정함을 알지 못합니다. 그래서 교만한 마음을 품지요. 하지만 자신의 능력을 율법과 비교하는 순간부터 교만이 꺾이기 시작합니다. 과거에 자신을 얼마나 대단하게 생각했든지 간에 율법 앞에 선 순간, 자신의 능력이 아무것도 아님을 알게 되기 때문입니다. 그런 점에서 율법은 우리의 교만을 치유하는 해독제입니다. 사람은 외식(外飾)하기 쉬운 존재입니다. 율법에 자신을 비춰 보지 않는 사람은 자신이 아주 의롭다고 착각하기 쉽습니다. 하지만 삶 전체를 율법의 저울에 올려놓는 순간, 곧바로 자신이 지독한 악취를 풍기는 죄인임을 깨닫게 됩니다(롬 7:7).

둘째, 억제의 기능입니다.[39] 율법은 사람들을 압박하여 형벌에 대한 두려움을 갖게 합니다. 이는 불신자에게도 해당합니다. 하나님께서 율법을 통해 그들의 부패성을 억제하십니다. 그렇다고 그들이 하나님 앞에서 더 나은 존재가 되는 건 결코 아닙니다. 비록 억지 순종일지라도 이러한 순종은 세상의 질서를 유지하는 데 필수적입니다. 율법의 저지선 없이 사람들의 본성이 모두 허용된다면 이 세상은 심각한 소동과 혼란에 빠질 것입니다.

셋째, 가르치는 기능입니다.[40] 칼뱅은 이것이야말로 율법의 가장 주된 기능이라고 말합니다. 율법의 가르치는 기능은 두 가지 측면에서 그리스도인에게 유익합니다. 먼저, 율법은 우리가 하나님의 뜻대로 사는지 점검하는 도구가 되어 줍니다. 하나님께서 율법을 주지 않으셨다면, 우리가 하나님께 얼마나 온전히 순종하고 있는지 알 길이 없습니다.

또한, 율법은 우리가 하나님께로 돌이킬 수 있도록 도와줍니다. 우리가 하나님께 순종하는 일에서 거듭 실패하는 것은 피할 수 없는 현실입니다. 냉담한 육체가 우리를 짓눌러 정상적인 열의를 가지고 전진하지 못하게 하기 때문입니다. 이때 율법은 게으른 나귀를 치는 채찍과 같이 우리의 육체를 일깨워 다시 선을 행하게 합니다. 그래서 다윗은 "여호와의 율법은 완전하여 영혼을 소성시키며 여호와의 증거는 확실하여 우둔한 자를 지혜롭게 하며 여호와의 교훈은 정직하여 마음을 기쁘게 하고 여호와의 계명은 순결하여 눈을 밝게 하시도다"(시 19:7-8)라고 찬양했습니다. 이처럼 하나님은 율법을 통해 순종하고자 하는 마음을 회복시키십니다.

그런 점에서 율법 폐지론은 매우 비성경적입니다. 육체라는 감옥에 갇혀 있는 한 율법이 요구하는 도덕적 순결에 결코 이를 수 없는 것이 사실이지만, 율법을 끔찍하게 여기거나 멀리하는 것은 율법을 주신 하나님의 뜻에 어긋나기 때문입니다. 율법은 모든 사항이 이행되지 않으면 결코 만족하지 않는 엄격한 감독관이기만 한 것은 아닙니다. 오히려 우리가 온전한 삶을 살도록 권고하고 바른 길로 인도하는 인자한 선생님이기도 합니다. 율법을 통해 하나님의 뜻에 합당하게 살아가는 데 매진할 수 있다면 그것처럼 영광스러운 일은 없을 것입니다.

손재익 『십계명 언약의 10가지 말씀』

국내 저자의 저술 중에 십계명을 가장 잘 설명한 책을 고르라면 이 책을 꼽고 싶습니다. 웨스트민스터 신앙고백서 및 대소요리문답, 하이델베르크 요리문답, 벨기에 신앙고백서의 신앙고백을 기초로 십계명을 체계적으로 해설하고 있습니다. 특히 십계명을 삶에 적용하는 부분이 탁월합니다.

강영안 『강영안 교수의 십계명 강의』

강영안 교수는 한국을 대표하는 철학자인 동시에 기독교 지성을 대표하는 신학자입니다. 철학 전공자의 글이라 어려울 것 같지만 전혀 그렇지 않습니다. 일반 성도들이 읽기에 가장 무난한 십계명 해설서라고 생각합니다.

백금산 『만화 십계명』

만화라고 해서 내용까지 가벼울 것이라고 생각해서는 안 됩니다. 만화 장르가 가지고 있는 장점을 최대한 살려서 십계명을 해설하고 있습니다. 아이들과 함께 십계명을 공부하기에 더없이 좋은 책입니다.

양승헌 『크리스천 믿음 (하)』

어린이 설교집 『뚫린 귀』로 유명한 양승헌 목사의 설교집입니다. 상하 두 권으로 나뉘어 있는데, 이 중에서 하권이 십계명을 다루고 있습니다. 십계명을 이해하는 데 도움이 되는 적절한 비유와 사례가 많습니다. 하이델베르크 요리문답의 순서로 구성되어 있는 점이 특징입니다. 설교를 책으로 엮은 것이라 읽는 것만으로도 큰 은혜가 됩니다.

미주

1. J. G. 보스, G. I. 윌리암슨 공저, 『웨스트민스터 대요리문답 강해 - 신앙교육서』(류근상, 신호섭 옮김, 크리스챤출판사, 2007), p. 22.
2. 강혜진, "미국에서 일어난 십계명 논쟁", 〈크리스천투데이〉. 2019. 1. 15.
3. 『긍정의 힘』은 우리나라에서만 무려 100만 권이 넘게 판매되었다.
4. "소비자 중심의 교회"는 유진 피터슨 목사가 그의 책 『그 길을 걸으라 - 제자도』(IVP, 2018)에서 사용한 용어다.
5. 강영안, 『강영안 교수의 십계명 강의』(IVP, 2009), p. 27.
6. 하이델베르크 요리문답 86문을 참고했다.
7. 하이델베르크 요리문답 91문을 참고했다.
8. 손재익, 『십계명 언약의 10가지 말씀』(디다스코, 2016), p. 78.
9. 이 비유는 양승헌 목사의 『크리스천 믿음 (하)』(디모데, 2017)을 참고했다.
10. 웨스트민스터 대요리문답 104문을 참고했다.
11. 칼뱅의 제1계명 해설을 참고했다.
12. 웨스트민스터 대요리문답 105문을 참고했다.
13. J. G. 보스, G. I. 윌리암슨 공저, p. 361.

14. 웨스트민스터 대요리문답 108문을 참고했다.
15. 웨스트민스터 대요리문답 109문을 참고했다.
16. J. G. 보스, G. I. 윌리암슨 공저, p. 406.
17. 웨스트민스터 대요리문답 114문을 참고했다.
18. 김은수, 『개혁주의 신앙의 기초 3』(SFC, 2010), p. 186.
19. 웨스트민스터 대요리문답 119문을 참고했다.
20. 웨스트민스터 대요리문답 120문을 참고했다.
21. 웨스트민스터 대요리문답 127문을 참고했다.
22. 웨스트민스터 대요리문답 128문을 참고했다.
23. 웨스트민스터 대요리문답 129문을 참고했다.
24. 웨스트민스터 대요리문답 131문을 참고했다.
25. 웨스트민스터 대요리문답 135문을 참고했다.
26. 양승헌, 『하이델베르크 요리문답을 기초로 세우는 크리스천 믿음』
27. 웨스트민스터 신앙고백서 24장을 참고했다.
28. 웨스트민스터 대요리문답 138문을 참고했다.
29. 웨스트민스터 대요리문답 141문을 참고했다.
30. 웨스트민스터 대요리문답 142문을 참고했다.
31. 손재익, p. 354.
32. 폴 에크먼, 『텔링 라이즈』(이민주 옮김, 한국경제신문, 2012).
33. 웨스트민스터 대요리문답 144문을 참고했다.
34. 웨스트민스터 대요리문답 145문을 참고했다.
35. 양승헌, 『크리스천 믿음 (하)』
36. 웨스트민스터 대요리문답 147문을 참고했다.
37. 웨스트민스터 대요리문답 148문을 참고했다.
38. 존 칼빈, 『기독교 강요 (상)』(크리스천다이제스트, 2003), p. 435.
39. 존 칼빈, 앞의 책, p. 440.
40. 존 칼빈, 앞의 책, p. 443.

참고문헌

김은수.『개혁주의 신앙의 기초 3』(SFC, 2010)

손재익,『십계명 언약의 10가지 말씀』(디다스코, 2016)

정요석,『하이델베르크 교리문답, 삶을 읽다 (하)』(새물결플러스, 2018)

정요석,『소요리문답, 삶을 읽다 (하)』(새물결플러스, 2016)

안재경,『십계명, 문화를 입다』(SFC, 2016)

강영안,『강영안 교수의 십계명 강의』(IVP, 2009)

김태희,『쉽게 배우는 하이델베르크 요리문답』(CLC, 2016)

김태희,『삶을 위한 성경공부』(쿰란, 2015)

J. G. 보스, G. I. 윌리암슨 공저,『웨스트민스터 대요리문답강해』(크리스찬, 2007)

존 스토트,『현대 사회 문제와 그리스도인의 책임』(IVP, 2011)

존 스토트,『존 스토트의 동성애 논쟁』(홍성사, 2006)

존 칼빈,『기독교 강요 (상)』(크리스천다이제스트, 2003)